V&R

Karlo Meyer

Fünf Freunde fragen Ben nach Gott

Begegnungen mit jüdischer Religion in den Klassen 5 bis 7

Vandenhoeck & Ruprecht

Dank gilt vielen, die dieses Projekt mit Rat und Tat begleitet haben, u. a.:

- den Jugendlichen Kasthuri Srikumar mit ihrem Bruder, Anna Ansari, Tom Nir (alias Ben), Oliver Deppe, Nurdan Kudu, Vanessa Salimi,
- der Liberalen Jüdischen Gemeinde in Hannover,
- den Künstlern Leo Lebendig und Sandra Seiffart,
- für die Musikproben dem Europäischen Zentrum für jüdische Musik (Ltg. Prof. A. Izsák) und der Gruppe Bar Mitzwa (Ltg. A. Kostovetskij), beide Hannover, Gabor Lengyel, der Göttinger St. Jacobi-Kantorei durch Arwed Henking,
- für finanzielle Unterstützung dem Institut für Theologie der Universität Hannover durch Prof. Harry Noormann, der Universität Hannover (Präsidium), der Klosterkammer Hannover und Bin*GO*! Der Umweltlotterie (Lottostiftung Niedersachsen)
- für Arrangements und Ermöglichung allen Beteiligten im Haus der Religionen in Hannover sowie dem Aktionskreis der Religionen und Kulturen in Hannover.

NIEDERSÄCHSISCHE LOTTOSTIFTUNG
Projektförderung aus Erträgen von
BINGO!
Die Umweltlotterie

KLOSTERKAMMER HANNOVER

Leibniz Universität Hannover

Mit zahlreichen Abbildungen und einer Begleit-DVD.

Bibliographische Information der Deutschen Nationalbibliothek

Die Deutsche Nationalbibliothek verzeichnet diese Publikation in der Deutschen Nationalbibliografie; detaillierte bibliografische Daten sind im Internet über http://dnb.d-nb.de abrufbar.

ISBN 978-3-525-77615-5

Druck und Bindung: ⊕ Hubert & Co, Göttingen

Inhalt

1 Einstieg

Was wir wollen

Zwei Boote haben sich auf hoher See getroffen. Sie haben verschiedene Farben, eins rot, eins grün. Das Grüne ist etwas größer. Beide wenden sich einander zu, ein grüner Steg und ein roter verbinden die Bordkanten und erlauben eine Begegnung. Die Mannschaften können sich nun austauschen: „Wisst ihr, dass es dort gutes Frischwasser gibt?" „Hast du schon von dieser Geschichte in Jamaika gehört?" Das Treffen wird nur für eine Weile sein. Dann geht die Fahrt weiter. Beide Boote haben ihr eigenes Ziel. Doch bleibt es noch lange Gesprächsstoff der Mannschaften, wie sie sich begegnet sind, was die anderen gesagt haben, wie Worte und einzelne Waren von hüben nach drüben gewechselt sind. Im je eigenen Heimathafen legen die Boote an und erzählen es weiter; die Grünen über die Roten und umgekehrt. „Die anderen sind in Ordnung, wenn ihr sie trefft, grüßt sie schön. Auf die können wir zählen, wenn wir einmal Frischwasser oder Ratschläge brauchen."

Studentinnen und Studenten der Universität Hildesheim haben in dieser Allegorie einen gelingenden Dialog zwischen den Religionen beschrieben und dazu die kleinen Modelle auf dem Foto gebastelt. Sie möchten deutlich machen, dass es im Religionsdialog nicht darum geht, die anderen zu sich zu ziehen oder sich hinüberziehen zu lassen oder aus verbindbaren Balken ein gemeinsames Floß zu zimmern. Es geht um Austausch über Brücken des Dialogs, um Kennenlernen, um gute Erfahrungen miteinander, die vielleicht in Zeiten einer Krise helfen können. Die Schiffe bleiben bei diesem Treffen verschieden, die Grenzen der Begegnung bleiben unübersehbar. Und dennoch können Planken von der einen zur anderen Seite führen.[1] So ist es auch für den Unterricht in der Schule mit anderen Religionen und über andere Religionen sinnvoll: Als Teil der Friedensarbeit in unserer Welt ist dieser Unterricht nicht zuerst darauf aus, systematisch das Floß eines gemeinsamen Minimalkonsenses zu zimmern, um damit weiterzufahren, oder etwa das Boot des anderen in der Studierstube an Plänen zu begutachten. Vielmehr geht es darum, einen Begriff von anderen religiösen Menschen zu bekommen, sie evtl. sogar kennenzulernen, vielleicht den einen oder anderen Anstoß

1 Die Stege zwischen zwei Booten auf See sind sicher nicht ganz realistisch, aber angesichts einer Allegorie konnte diese Brechung gegenüber der Wirklichkeit die schwankenden Wege zum anderen versinnbildlichen.

zu gewinnen, Unterschiede und Andersartigkeit zu erkennen, nicht um sich abzugrenzen oder anzupassen, sondern um Religion durch Menschen kennenzulernen, mehr über die Boote der Religionen zu erfahren und um so im Meer irdischer Stürme gute Partner zu entdecken, schwierige Fälle einzuordnen, neues Wissen zu schöpfen und bei schwerer See auf Partner sowie auf eigene und fremde Erfahrungsanker zurückgreifen zu können.

Die folgende Einheit ist exemplarisch für einen Unterricht konzipiert, der mit weitgehend christlichen oder auch „bekenntnislosen" Schülerinnen und Schülern arbeitet und doch den Dialog im Blickfeld hat.[2] Der christlich-jüdische Dialog ist ein Teil des Dialogs der Religionen. Er ist gewichtiges Erbe der gesamten christlichen Welt und ist bleibender Auftrag der dritten und vierten Generation nach der Schoa in Deutschland.

Das Christentum war einst ein kleiner Teil des Judentums; der jüdische Glaube war gewissermaßen das Mutterschiff des Christentums. Das ist die eine Wahrheit. Die andere Wahrheit ist: Beide haben sich seit 2000 Jahren im Wasser der Gezeiten entwickelt und haben ganz eigene Routen und Häfen, die sie anfahren. Was genau jüdische Praxis in der Bevölkerung vor 2000 Jahren war, ist weitgehend gar nicht bekannt, sondern vielfach Rekonstruktion aus Quellen nach der Zerstörung des Tempels im Jahre 70. Es ist der Ansatz dieses Buches, im Wissen um die Vergangenheit das Judentum als das zu verstehen, was es heute und hier ist. Heute und hier sind dabei ganz programmatisch zu verstehen, es geht um deutsche, jüdische Gemeinderealität im Jahr 2008. Ben lebt hier und heute in Hannover. Er ist keine erfundene Figur. Seine liberale jüdische Gemeinde wurde ausgewählt wegen ihres Engagements im Dialog. Sie residiert nicht in einer prachtvoll wieder aufgebauten oder neuen stilvollen Synagoge, sondern in angemieteten Büroräumen. Zuwanderer aus allen Ländern prägen das Bild. So sieht überwiegend Judentum im Jahre 2008 in Deutschland aus.

Die Unterrichtsvorschläge richten sich tendenziell an das sechste Schuljahr. Dies entspricht der Jahrgangsstufe, in der nach der Mehrzahl der Rahmenrichtlinien in Deutschland das Judentum behandelt werden soll.

2 Basismaterial für einen entsprechenden Unterricht zu den anderen Religionen findet sich in Karlo Meyer (2008), „Weltreligionen. Kopiervorlagen für die Sekundarstufe", Göttingen.

Bei der Erarbeitung wird versucht, gleichermaßen auf vier religiöse Dimensionen einzugehen: auf Lehren, Rituale, Gemeinschaft und Lebensgestaltung.[3]

Vier pädagogische Grundüberlegungen

- Beobachten, Forschen und tieferes Nachfragen lernen Schülerinnen und Schüler weniger an lexikalischen Überblicken als an einzelnen exemplarischen Phänomenen. Wenn Sie für ein begrenztes Thema genug Zeit lassen, erschließen sich den Jugendlichen von diesem Blickpunkt aus weitere Horizonte. Als Thema für die folgenden Sequenzen wurde „Die Tora in der Synagoge" ausgewählt. Von diesem Kristallisationspunkt aus wird beispielhaft gelernt, genau zu betrachten und hinzuhören und sich so fremdem Glauben zu nähern. Ben ist dafür der „Türöffner". So nennen Völkerkundler den Gewährsmann und Mittler einer fremden Tradition.

- Religion ist etwas, was nicht nur äußerlich vollzogen wird, es spricht eine innere Schicht des Menschen an. Es werden daher auf den folgenden Seiten immer wieder Bezüge zu den Erfahrungen der Schülerinnen und Schüler hergestellt. Diese *inneren Bezüge* sind erste Brücken, fremdes Denken und Fühlen nachzuvollziehen. Diese Brücken haben ihre Grenzen und leiten doch erstes Verstehen ein. Zwischenfragen sowie die Endphase einer Einheit machen diese „existenzielle" Berührung immer wieder zum Thema.

- Fremde Religion bleibt etwas Fremdes. Sie geht nicht einfach in das eigene Verstehen auf, es sei denn, dass man sie jahrzehntelang lebt und studiert. *Fremdheitsmarker* gehören daher zu einem solchen Unterricht hinzu. Sie wehren der Illusion, man könnte das Fremde mit ein paar Informationen einordnen und „abklären". Fremdheitsmarker sind ein pädagogisches Instrument mit vielen Varianten. Es kann eine fremde Schrift sein, die neben deutschen Übersetzungen erscheint und den Laien *un*erschließbar auf die Fremdheit des Originals aufmerksam macht. Fremdheitsmarker können rituelle Gesänge wie das Sch^{e}má Jisrael sein, die ihre Fremdheit behalten, auch wenn man sie mehrfach hört.

3 Vgl. „Religiöse Dimensionen" von P. Antes (unveröffentlicht).

Fremdheitsmarker sind schließlich kleine Rituale, die vor einer fremden Geschichte oder einer fremden Stätte eine andere Sphäre signalisieren, wie das Wort „Schalom“, das Gruß und Hinweis auf das Andere in einem ist. Und schließlich:

- Religion ist keine Abstraktion oder ein Spezifikum ferner Länder oder gar der Geschichte, sondern wird von *Menschen im Alter der Schülerinnen und Schüler* hier und heute ausgeübt. Daher bestimmen konkrete Menschen mit ihrer Religion diese Einheit und lassen so Freiraum für andere Jugendliche, die dieselbe Religion in Variationen ganz ähnlich oder deutlich anders erleben bzw. leben. So wird klar, dass eine Religion nicht einfach ein erlernbarer „Sachverhalt“ ist, sondern *Ausdruck menschlichen Lebens und damit so vielfältig wie die Menschen selbst.*[4]

Das folgende Diagramm stellt Unterrichtsprozesse schematisch dar: als schwarze Balken die Grenzen, als Strichlinien die Öffnungen, als Pfeile über die Grenzen hinaus den existenziellen Austausch.

4 Siehe Karlo Meyer (2006), „Menschen, Räume und Rituale in Bildmaterialien zu fremden Religionen. Zur Auswahl von Bildern nicht-christlicher Religionen in Büchern für den Religionsunterricht“, theoweb 2/2006, S. 67–95.

Grenzen bleiben bewusst durch Fremdheitsmarker

Sich selbst vom Fremden anstoßen lassen

Grenzen bleiben bewusst durch Fremdheitsmarker

Schulunterricht mit Schülerinnen und Schülern und einer Lehrkraft, denen jüdische Religion zunächst „fremd" ist.

Was die Schülerinnen und Schüler davon haben

- Die Schülerinnen und Schüler können sich in die Haltung von Religionsforschern hineinversetzen und das eigene Vorgehen in Grundzügen planen. Sie können wesentliche Inhalte und Rituale um den Fokus „Synagoge“ und „Tora“ „forschend“ erarbeiten, verstehen und wiedergeben.
- Sie wahren dabei das Bewusstsein für die bleibende Fremdheit des anderen Glaubens und lernen doch Brücken zum anderen durch eigene/christliche Erfahrungen zu bauen.
- Angeregt durch die Begegnung mit dem jüdischen Glauben fragen sie zurück nach eigenen religiösen Erfahrungen und Gestaltungen.

Dabei eignen sich im Verlauf der Einheit folgende Unterrichtssequenzen und Abschnitte zu folgenden Anfragen an das Eigene:

Unterrichtssequenz	Abschnitt	Anfrage/existenzieller Bezug
2. Religionen erforschen		Was ist überhaupt Religion?
3. Durch Beobachten sich jüdischem Glauben annähern	Das Ritual des Aushebens und Lesens aus der Tora Eine Klassenrolle gestalten und mit Ritualen verbinden	Was für Rituale habe ich?
4. Durch Lesen sich jüdischem Glauben annähern	Eine Geschichte zum Schᶜmá Jisrael	Was heißt es, selbst Zeuge für etwas zu sein?
5. Durch Gespräche sich jüdischem Glauben annähern	Interview mit Ben und seine Bar Mitzwa	Dankeschönkarte mit eigenen Bezügen kreieren
	Zusatzmaterial B Chassidische Geschichten nach M. Buber	Was bedeutet Lernen für mich
	Der Besuch in der Synagoge	Wo habe ich Ruhetage und wie begehe ich sie?
	Aufarbeitung des Synagogenbesuchs	Rückfragen des Synagogenführers/der Führerin aufgreifen
6. Brücken zum Verständnis der Tora schaffen	Stärkendes Erinnern Rückblick auf die eigene „Forschungsarbeit“	Präsentation von „weisen und wichtigen Worten“

Was wir vorbereiten und beachten

Ergebnisdokumentation. Wer die Ergebnisse aus dem gesamten Unterrichtsprozess im Unterrichtsraum präsentieren möchte, kann dies mit einer blauen und einer violetten Leiste aus Papier tun. Auf der blauen Leiste können Bilder, Ergebnisse oder auch Gegenstände, die im Zusammenhang mit dem Judentum stehen, präsentiert werden, denn Blau ist traditionell eine wichtige Farbe im Judentum. Das hängt damit zusammen, dass aufgrund eines Verses aus der Tora der Gebetsschal, Tallit, blaue Fäden haben soll (B^{e}Midbár 15,38; 4. Buch Mose) und nach sefardischer Tradition vielfach ein blauer Streifen auf dem Schal ist.[5] Violett hingegen ist traditionell die Farbe der christlichen Kirche und bietet somit Raum zum Sammeln von Ergebnissen, Bildern und Gegenständen, die im Zusammenhang mit dem Christentum entstanden sind. Die Farbe Violett besteht aus Blau für den Himmel und Rot für den Menschen mit seinem Blut, also für Jesus – himmlisch und menschlich zugleich. Sie ist darüber hinaus Farbe der Buße und der Diakonie.

Über den dokumentarischen Charakter hinaus unterstützt die Leiste visualisierend auch die Differenzierung zwischen der jüdischen und der christlichen Religion. Grenzen können somit wahrgenommen und gewahrt werden.

Die Stichworte „Beobachten", „Lesen", „Fragen und Hören" und „Selbstmachen" sind Beispiele für mögliches Vorgehen. Dies wird in der dritten Stunde (S. 34) mit den Schülern vorbereitet. So werden dem folgenden Forschen nachvollziehbare Abschnitte gegeben. Das Bild von Ben beim Lesen der Tora kann z.B. unter „Beobachten" angebracht werden.

Beobachten	Lesen	Fragen und Hören	Selbst etwas machen

5 Der Faden gehört zu den Quasten oder Fransen des Gebetsschales und ist vorgeschrieben. Der Streifen ist eher eine Dekoration. Die Übersetzung des

Zum Thema der Einheit „Die Tora in der Synagoge". Die zentralen Orte einer Synagoge sind der Schrein, in dem die Torarollen aufbewahrt werden, und das Pult, von dem aus einer Torarolle vorgelesen wird. Im Schrein werden die kostbaren handgeschriebenen Rollen der ersten fünf Bücher Moses verwahrt und oft nur einmal in der Woche im Gottesdienst am Schabbátmorgen feierlich herausgehoben. Auf dem Pult werden sie verlesen. Ihr Inhalt bildet das Zentrum der Lehre im Judentum und auch den Ausgangspunkt seiner Rituale. Die Torarollen sollen daher im Mittelpunkt der Einheit stehen und dabei exemplarisch Elemente von Ritualität im Judentum, von Lehre, Gemeinschaft und Lebensweise hier in Deutschland deutlich machen.[6]

Die Schülerinnen und Schüler werden von der ersten Stunde an spielerisch an die Haltung von Religionsforschern herangeführt. Sie selbst erarbeiten sich die Grundzüge ihres Vorgehens. Sie lernen in dieser Haltung Perspektiven zu wechseln und Grenzen zu wahren.

Immer wieder wird an die eigene Vorstellung erinnert, so werden Brücken vom Eigenen zum Fremden geschlagen und methodisch begleitet.[7]

Die folgende Übersicht kann helfen, Schwerpunkte für den Unterricht in dieser Einheit zu wählen:

Wortes für „blau" kann auch mit „purpurblau" wiedergegeben werden. Traditionell gehörte jedoch ein blauer (sefardisch) oder schwarzer Streifen (aschkenasisch) zum Schal. Sefardisch und Aschkenasisch sind die südwesteuropäischen bzw. östlichen Traditonsstränge jüdischer Überlieferungen.

6 Diese Einteilung folgt den „Religiösen Dimensionen" von P. Antes. Ein anderes wichtiges Thema des jüdischen Glaubens, der Schabbát, ist durch seine Rituale eher familiär bestimmt. Unterrichtsvorschläge dazu siehe unten unter „weitere mögliche Themen". Rituale spielen in der Einheit ganz bewusst eine ebenso große Rolle wie Elemente der Lehre (dazu Karlo Meyer 2006, a. a. O.).

7 Dazu Karlo Meyer (1999), Zeugnisse fremder Religionen im Unterricht. „Weltreligionen" im deutschen und englischen Religionsunterricht, Neukirchen.

Themen:	Als religiöse Dimension steht im Vordergrund:	Als Einstiegsmedium und Impulse für die Neugier dienen:
Einführung in die Erforschung ...		Die Eisvolkgeschichte
Ein Bild von Ben mit der Tora	Ritual	Ein Brief von sechs fremden Jugendlichen an die Klasse
Das Ritual des Aushebens ...	Ritual	Eine Bildserie zum Erforschen
Hebräische Buchstaben	Lehre	Eine „Geheimschrift"
Das Sch^ema	Lehre	Ein Puzzle auf „alter" Elefantenhaut
Eine Geschichte ...	Lebenshaltung	Rätselhafte fett geschriebene Buchstaben
Eigene Interviews	Lebenshaltung	Ein Interview als Forschungsmittel
(Bens Bar Mitzwa)/Vorbereitung Synagoge	Gemeinschaft	(Bens „Feier" in Bildern)/Spannung des kommenden Besuchs
Besuch in der Synagoge	Alle Dimensionen	Besuch
Aufarbeitung des Besuchs/Zusatzmaterial C zum Gottesdienst	Gemeinschaft	Ein kleiner Filmbericht über den Gottesdienst
Erinnerung		Eine Fühlerfahrung: Leder
Rückblick auf Forschung		Ein Brief von Ben
Wertvolle Worte/Klassenrolle		Ein gemeinsames Produkt vorstellen

Arbeitsvorschläge zur Kompetenz des „Wahrnehmens und Forschens":	Arbeitsvorschläge zur Kompetenz im „Umgang mit Fremdheit":	Arbeitsvorschläge zur Kompetenz, die eigene Sicht und Erfahrung zu klären und ihr Ausdruck zu geben:
Forscherhaltung in Sachen Religion erarbeiten	Perspektivwechsel vornehmen „Was würdet ihr sagen, wenn ihr dort wäret"	
Schritte eines Forschungsprozesses erarbeiten	Fragen „Was würde Ben sagen?" (dazu blaue Leiste einführen)	
Rituale beobachten und deuten	Grenzmarker reflektieren (dazu blaue Leiste nutzen, Gesang abspielen)	Sich eigene Rituale bewusst machen, benennen
Fremde Schrift entziffern	Sich an Fremdes (fremde Schrift) heranwagen	Eigene lateinische Schrift in ihrer Eigenart wahrnehmen und schätzen
Kurze religiöse Texte lesen und deuten	Bleibende Fremdheit der fremden Schrift bewusst halten	
Eine längere religiöse Geschichte hören und deuten	Sich durch eine Geschichte in eine Fremde Bekenntnishaltung einfühlen	Eigenes „Bekennen" reflektieren
Aus gesprochenem Wort fremde Glaubenshaltungen heraushören und deuten/evtl. Interviews führen	Das gesprochene Wort in seiner Fremdheit wahrnehmen	Ansatzweise „dialogisch" auf Interviewausschnitte eingehen (am Beispiel eigenen Lernverständnisses)
Verortung der Synagoge in der eigenen Stadt klären	Sich der eigenen Rolle als Gast bewusst werden, Perspektivwechsel: Wie fühlen sich Gastgeber?	Vor dem konkreten Dialog: Dankeschönkarten mit eigenen Bezügen kreieren
Einen religiösen Ort mit allen Sinnen wahrnehmen	Schwellen gegenüber fremden Raum bewusst wahrnehmen, „Spielregeln" als Fremder einhalten	Beim konkreten Dialog: Sich stellen: Wo habe ich eigene ganze Ruhetage? Wie nutze ich sie?
Religiöse Traditionen vergleichen	Fremdes und Eigenes vergleichen, sich das Ineinander von Nähe und Fremdheit bewusst machen	Dialogische Nacharbeit: Rückfragen des Gesprächspartners in der Synagoge wieder aufgreifen
		Eigene Orte und eigene Erinnerungen innerer „Versicherung" klären
Eigene Forschung reflektieren	Eigene Entwicklung im Umgang mit Fremden wahrnehmen	
		Eine Schriftrolle mit eigenen „wertvollen" Worten präsentieren

Empfehlenswerte Literatur aus christlicher Perspektive. Die folgende Literatur zum Thema ist gut lesbar, beinhaltet z.T. religionspädagogisches Material und wurde auch bei den sachlichen Einführungen in die folgenden Kapitel zum Aspekt „Was Sache ist" herangezogen:

- Paffenholz, A. (1995), Was macht der Rabbi den ganzen Tag? Das Judentum (Weltreligionen), Düsseldorf (locker geschriebenes Lesebuch)
- Paffenholz, A. (1995), Das Paradies ist freitags im Badehaus. Lesebuch zum Judentum (Weltreligionen), Düsseldorf (locker geschriebenes Lesebuch)
- Grill, I. (1992), Das Judentum. Zugänge. Herausforderungen. Gespräche (Studienbuch Religionsunterricht 1), Göttingen (Schülerbuch für die Oberstufe)
- Stemberger, G. (1999), Jüdische Religion (Beck'sche Reihe 2003) (kurz und prägnant formulierte, wissenschaftlich fundierte Einführung auf nur 100 DIN A 6 Seiten)
- Lohrbächer, A. (1994, Hrsg.), Was Christen vom Judentum lernen können. Modelle und Materialien für den Unterricht, Freiburg (trotz eines Kapitels zu Kindern, mit Material eher für die Oberstufe)
- Goldmann, Chr. (1996), Kinder entdecken Gott mit Marc Chagall, Göttingen, erste Aufl. 1978

Einführende jüdische Literatur

- Rosenthal, G. S. / Homolka, W. (2006), Das Judentum hat viele Gesichter. Die religiösen Strömungen der Gegenwart, aktualisierte Neuaufl., erste Aufl. München 1999
- Donin, C. H. (2002), Jüdisches Gebet heute. Eine Einführung zum Gebetbuch und zum Synagogengottesdienst, Zürich (erste Aufl. 1986) Aus d. Engl. übers. von Naftali Bar-Giora-Bamberger
- de Vries, S. Ph. (2001), Jüdische Riten und Symbole, Reinbek bei Hamburg 8. Aufl., aus d. Holländ. Übers. von M. Sterenzy. Bearb. von M. Magal, erste dt. Aufl. Wiesbaden 1981 (ein Klassiker, der in den zwanziger Jahren des letzten Jahrhunderts entstand)

Hinweise zum Material. Diesem Buch liegt eine DVD bei. Auf dieser stehen Ihnen, neben vier kleinen Filmen, Arbeitsblätter / Materialien zum Judentum (JM), zehn Hörproben für Musik und Texte sowie Bildserien und Einzelbilder zum Judentum (J-Bild) zur Verfügung. Sie können die DVD mit einem handelsüblichen DVD-Player abspielen. Zum Ausdrucken der Arbeitsblätter / Materialien verwenden Sie einen Computer. Der Computer sollte selbstständig ein DVD Anwendermenü öffnen, falls er dies jedoch nicht tun sollte, können Sie über „Arbeitsplatz“/ DVD-Laufwerk die DVD öffnen.

Die Hörbeispiele für jüdische Musik befinden sich auf der DVD unter Audio Medien/Hörprobe 4–8.[8] Durch die Einheit hindurch können auch Lieder aus Israel eingeführt werden. Im Evangelischen Gesangbuch sind dafür geeignet Nr. 433 (Hewenu Schalom alejchem; Wir wünschen Frieden) und Nr. 434 („Schalom chaverim“; der Friede des Herrn geleite euch), das Lied Hinne ma tow (Psalm 133, „Siehe wie gut und schön ist es, wenn Brüder [und Schwestern] einträchtig beieinander wohnen“) findet sich in vielen Sammlungen, ebenso das Lied Hawa nagila hawa („Auf ihr Brüder [und Schwestern] jubelt und freut euch“). Die letzten beiden und weitere mit Harmoniebezeichnungen zur Zeit (2008) unter http://www.labbe.de/liederbaum/index.asp?themaid=9&titelid=457. Weniger bekannt, aber sehr schön ist Bashana Haba'a (Nächstes Jahr in Jerusalem). Es ist zur Zeit (2008) zu finden unter: http://www.greatjewishmusic.com/Midifiles/Yom_Haatzmaut/Bashana_Habaah.html

Unter der zuletzt genannten Adresse können Sie Lieder zu allen jüdischen Festen in Midifile-Qualität (relativ mäßige Qualität, aber ein guter erster Eindruck) kostenlos herunterladen.

Weitere mögliche Themen

- Das Thema Verfolgung und Bedrohung wird in dieser Einheit immer wieder aufgegriffen (Stichworte: „Märtyrer“, „Tod von Rabbi Chanina“ und „Gefährdung von Synagogen in Deutschland“, „Erinnerungstafeln/Mahnmale zur Synagoge“, „Sterben eines Überlebenden“). Schoa/Holocaust ist kein eigenes Thema an dieser Stelle. Sehr gute Materialien z.T. auch für die sechste Klasse finden sich zur Schoa bei Grill S. 80–150 z.B. S. 93–96 oder deutlich für Ältere bei Lohrbächer S. 53–73.
- Bei einer Erziehung zu einer mündigen Religiosität sollte auch Kritik an religiösen Traditionen des Judentums kein Tabu sein. Dabei ist es wichtig, nicht aus der Sicht des überlegenen Außen-

8 Die Stücke 4–6 stammen aus der Doppel-CD „Konzert anlässlich des 60. Jahrestages der Befreiung des Konzentrationslagers Auschwitz am 29. Januar 2005 in der Marktkirche Hannover“ © Hochschule für Musik und Theater Hannover. Europäisches Zentrum für Jüdische Musik 2005. Leitung: Prof. A. Izsák, Solist: Oberkantor B.Z. Maissner, (Tenor), Toronto, Mitglieder der Chöre: Hamburger Synagogalchor, Hannoverscher Oratorienchor, Hochschulchor der Hochschule für Musik und Theater Hannover, Ensemble für Synagogale Musik Hannover.

stehenden auf eine andere Tradition herabzusehen, sondern den differenzierenden Blick zu schulen. Das heißt z. B., die innere religiöse Vielfalt (Stimmen und Gegenstimmen) mit ihren Argumenten wahrzunehmen und aus der eigenen Sicht Präferenzen zu bilden. Dies kann hier nur angedeutet werden.[9] Das Thema „Rolle der Frau im Judentum" ist ein mögliches Thema für differenzierende, kritische Lernprozesse: Nach einer Darstellung orthodoxer Traditionen (z. B. in Stemberger S. 95–100 zu Erbrecht, Scheidung und dem zum Teil noch praktizierten orthodoxen Dankgebet, keine Frau zu sein) können dazu verschiedene jüdische Sichtweisen zur Diskussion gestellt werden: eine Apologie der orthodoxen Rollenzuweisungen in Lohrbächer S. 127 f. und differenzierte jüdische Stimmen zu beiden Seiten aus den Federn von Frauen bei Grill S. 36 f. Dies alles musste beim Thema „Synagoge / Tora" zurückgestellt werden.

- Eigene Ortsgeschichten zum jüdischen Glauben und ihren Stätten sind ein lohnendes Thema, um den eigenen lokalen Hintergrund und seine Geschichte mit in den Blick zu nehmen (Judengassen, Lebensgeschichten von Senioren vor Ort als Opfer oder Täter, Synagogenmahnmal, umgewidmete „Judenschulen", Gedenkstätten an Deportationen / KZs, Aktionen wie die „Stolpersteine"). Hier muss jeweils vor Ort nach Anknüpfungspunkten Ausschau gehalten werden.

9 Hierzu wird ein Methodenbuch von Karlo Meyer bei Vandenhoeck und Ruprecht vorbereitet und erscheint 2009.

2 Religionen erforschen

Nach einem Motiv von Leo Lebendig

Ein Einstieg – Das Südpol-Eisvolk beobachtet uns

Die Einstiegssequenz will den Schülerinnen und Schülern in spielerischer Weise die Haltung von Religionsforscherinnen und Religionsforschern nahebringen. Die Schüler planen selbst im Anschluss an diese Anfangsstunden, wie sie das Thema „Judentum“ erforschen können, wie also in der weiteren Einheit vorgegangen werden soll.

Was die Schülerinnen und Schüler davon haben

Die Kinder oder Jugendlichen sollen in diesen ersten Stunden lernen, mit der Haltung eines Religionsforschers oder einer Religionsforscherin an fremde religiöse Phänomene heranzugehen. Daher beginne ich scheinbar mit einem Umweg über ein bekanntes religiöses Phänomen, bei dem die Schülerinnen und Schüler sich in die Haltung des (noch) unwissenden Forschers hineinversetzen. Auf diese spielerische Weise wird einmal ein Perspektivwechsel geübt: Wie erlebe ich mich als Forscher? Aber auch: Wie würde ich als Erforschter, die (evtl. unzulänglichen) Ergebnisse der Forscher beurteilen? Indem die Schülerinnen und Schüler selbst den Forschungsweg planen, werden sie in eigenverantwortliches Lernen in Sachen fremde Religion eingeführt.

Was wir brauchen

Farbfotokopien des Bildmaterials JM-1. Alternativ ist eine Folie möglich. Das Arbeitsblatt JM-2.

Wie viel Zeit wir benötigen

Zwei Unterrichtsstunden bieten genug Zeit für Nachfragen und Erklärungen.

Wie wir vorgehen

1.1–1.2 Die erste Stunde soll die Schülerinnen und Schüler motivieren, Religion zu erforschen. Der Einstieg in die Forscherhaltung erfolgt anhand einer Science-Fiction ähnlichen Geschichte von einem antarktischen Eisvolk, das sich nach dem Klimawechsel aufmacht, den Rest der Erde anzusehen und das dabei auf „Religion" stößt. Dieser Einstieg mag auf Anhieb thematisch verblüffen, dient aber dem Perspektivwechsel.

Heute braucht ihr ein wenig Phantasie. Ich erzähle euch eine Geschichte:

Stellt euch vor, ihr seid Mitglieder eines Volkes von kleinen Eismenschen, versteckt in den Gletschern der Antarktis, dem Südpol. Tausende von Jahren hat dieses hoch entwickelte Volk dort durch ausgefeilte Techniken und mit viel Fisch, aber ohne Pflanzen überlebt. Sie können Fische unter dem Eis fangen und haben besondere Fangboote. Mit speziellen Eis-Sonnen-Modulen lernten sie, sich über weite Strecken zu unterhalten und sogar Bilder zu schicken. Doch nie haben sie ihr Stammesgebiet im Eis verlassen und noch nie in den Weiten des ewigen Eises am Südpol einen modernen Menschen gesehen. Die Antarktis ist einfach zu groß und zu leer. Nur einmal sahen sie von fern einen Hundeschlitten. Doch das war alles. Durch den Klimawandel begann sich etwas zu ändern. Die ersten ihrer Eishäuser fingen an zu schmelzen. Das kleine Volk war bedroht. Der Stammeshäuptling beschloss, eine Gruppe auf den Weg zu schicken, um den Rest der Welt zu erforschen. „na hcxxxhm!", sagte er zu der Gruppe von Freiwilligen. Übersetzt heißt das: „Wir können nicht immer hier bleiben. Schaut, ob es außerhalb unseres Eises noch andere entwickelte Lebewesen gibt, und berichtet mir dann." Die kleine Gruppe machte sich mit Spezialbooten auf und fuhr über den Ozean. Dann landeten sie an einem fremden Strand und sahen etwas Merkwürdiges: eigenartige menschliche Lebewesen. Offenbar waren es große „Warmlandmenschen".

Die Eisvolkgruppe schlich sich an eine Behausung heran, machte schnell ein Bild und schickte es mit dem Eis-Sonnen-Modul zu ihrem Häuptling. Doch der war ratlos. „mfaj fom acm", sagte er. „Was haben die dort aufgenommen? Was passiert da?" Der Häuptling sammelte seine Berater um sich und befahl ihnen, ihm zu erklären, was denn da auf dem Foto los sei.

Aber die Berater sahen sich ebenso ratlos an. Mit den Mitteln ihrer Eisvolksprache versuchten sie, das Geschehen und seinen Sinn zu beschreiben, aber ganz verstanden sie es nicht.

In Kleingruppen sollt ihr euch jetzt vorstellen, dass ihr diese beratenden Eismenschen seid, die trotz allem Unwissen versuchen, etwas ganz und gar Unbekanntes zu beschreiben und zu erklären. Die Eismenschen kennen unser Leben nicht, sie kennen nicht einmal Pflanzen (sie haben immer nur Fisch gegessen), sie kennen unsere Begriffe nicht. Sie haben nur ihre Eismenschsprache. In Übersetzung dieser Sprache sollt ihr nun das Bild erst beschreiben und in einem zweiten Schritt deuten, welchen Sinn das Geschehen dort haben könnte.

Projizieren Sie folgende Abbildung oder verteilen Sie sie an Kleingruppen mit den folgenden Arbeitsaufträgen:

1) Malt eine kleine Skizze des Bildes.
2) Beschreibt das Bild aus der Sicht von Eismenschen. (Mündliche Erläuterung: die unsere besonderen Wörter für das Dargestellte nicht haben.)
3) Deutet, was auf dem Bild wohl gerade geschieht. (Mündliche Erläuterung: mit der vollen Phantasiekraft der Eismenschen, es darf ruhig etwas ungewöhnlich sein.)

In einer leistungsstarken Klasse kann sofort in Arbeitsgruppen mit der Umschreibung und Deutung begonnen werden. In einer normalen Klasse können gemeinschaftlich erste Beschreibungen folgen, wie die Eismenschen das Bild erklären, ohne Worte wie Tannenbaum, Weihnachten und Christbaumkugeln zu kennen. Dieses *Nicht*-Wissen sollte in jedem Fall sehr nachdrücklich betont werden.

Der Eisvolkhäuptling wird unruhig und sagt seinen Beratern: „sa hmcmc“ das heißt: „Jetzt wird es Zeit, die erste Beratergruppe soll ihre Ergebnisse vorstellen ...“

Mögliche Ergebnisse

a) Die drei Warmlandmenschen bauen ein grünes Ding mit Stachelteilen und Kanonenkugeln zur Verteidigung. b) Das grüne Ding ist eine Fischfangvorrichtung mit bunt glitzernden Ködern, die nachher in einem See an einer Leine versenkt werden. Die kleinen eingepackten Pakete schwimmen später an der Oberfläche. Am nächsten Tag wird alles voller Fische hochgezogen. Oder: c) Es handelt sich um eine Radaranlage, die die drei Warmlandmenschen vor feindlichen Angriffen warnen soll. Die Kugeln senden Wärmestrahlung aus. Oder: d) Das große grüne Ding ist die Gottheit der Warmlandmenschen, sie wird geschmückt verehrt und nachher gegessen ...

Sammeln Sie die Antworten an der Tafel. Schreiben Sie dabei bereits in vier Spalten: 1) Beschreibung, 2) Gegenstand, 3) vermutete Funktion, 4) wahre Funktion. Anschließend suchen die Schülerinnen und Schüler Überschriften für die Spalten.

Mögliches Tafelbild

Was?	
Vermutet	*Tatsächlich*
Grünes Ding	Weihnachtsbaum
Kanonenkugeln	Christbaumkugeln
Luftpakete	Pakete

Wozu?	
Vermutet	*Tatsächlich*
Fanggerät	Festschmuck
Köder	Baumschmuck
„Schwimmer"	Geschenk

Da eine Stunde für die Vorträge kaum ausreichen wird, kann die Vorstellung der Ergebnisse noch in die nächste Stunde hinübergezogen werden.

Nachdem der Eisvolk-Häuptling die letzten Deutungen erhalten hat, schlägt er die Hände über dem Kopf zusammen: „Das sind ja alles ganz verschiedene Ideen. Das kann doch nicht alles wahr sein. Ich brauche die Wahrheit." – Die Berater machen sich an die Arbeit. Sie überlegen, mit welchen verschiedenen Methoden der Stoßtrupp weiter arbeiten sollte, um stichhaltige Informationen für eine richtige „Interpretation" liefern zu können.

Die Schülerinnen und Schüler entwickeln nun Ideen, in welchen Schritten vorgegangen werden soll. Drei bis vier Kategorien können dabei entstehen:

Mögliches Tafelbild

1) Stillschweigende Beobachtungen zum weiteren Verhalten der Menschen
2) Gespräche, Fragen und Zuhören; Interviews mit Übersetzungsmodul
3) Lesen (Internet, Bücher)
4) Selbst etwas mitmachen

So gehen die Eisvolkleute denn auch vor. Sie beobachten aus der Ferne und der Nähe. Sie fragen, hören zu, lesen und machen plötzlich mit beim Schmücken eines Weihnachtsbaumes. Aber wie erleben das eigentlich die Erforschten? Stellt euch vor, bei euch zu Hause steht eine halbe Stunde vor der Bescherung zu Weihnachten ein Eisvolkmensch vor der Tür und bittet mittels seines Übersetzungsmoduls: „Ich mache Religionsforschung, lassen Sie mich bitte hinein."

Eine Diskussion kann sich anschließen, wie denn die Erforschten diese Eisvolkforschung erleben, wenn sie gerade bei den Weihnachtsvorbereitungen sind. Die Ambivalenz von Empfindungen zwischen Freude über das Interesse, eigenem Interesse am Eisvolk, Hektik durch Weihnachten und Amüsement über die schiefen Deutungen kann dabei herausgearbeitet werden.

Mögliches Tafelbild

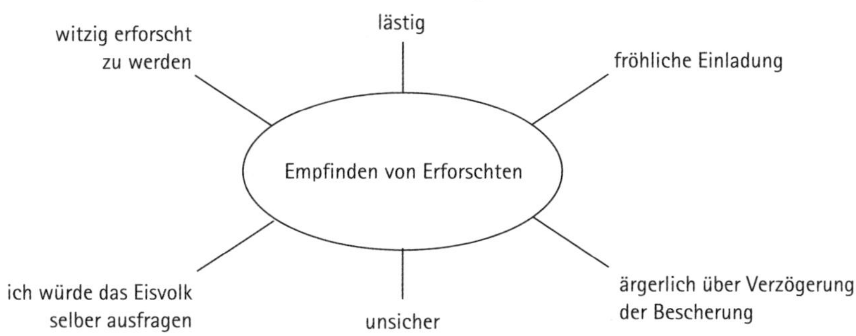

Hinweise zum Vorgehen, Alternativen und was sich vertiefen lässt

Als Abschluss kann bei verbleibender Zeit eine Anschlussdiskussionen geführt werden. Dazu können gezielte Fragen entwickelt werden, was mit dem Vorgehen (Beobachten, Lesen ...) herausgefunden werden soll:

- Was ist die Pflanze in der Mitte?
- Welche Rolle haben die Personen?
- Was ist in den Kästen?
- Worum geht es eigentlich?

Am Ende werden für den Eisvolkhäuptling „richtige" Berichte aufgeschrieben. Das passt zum Ende des Jahres oder Anfang Januar.

Einen alternativen Ausklang der Einstiegssequenz können auch Überlegungen zum Thema Religion bieten: Das Eisvolk selbst kennt keine Religion und es beschließt herauszufinden, was es damit auf sich hat. Stellt euch vor, ein Eisvolk-Freiwilliger steht plötzlich hier im Klassenzimmer, schwitzt aufgrund der schier unerträglichen Wärme in unseren Breiten und fragt uns mit seiner Übersetzungsmaschine: „Ihr seid doch in einer Religionsklasse, ihr müsst doch Bescheid wissen, was ist Religion eigentlich?"

Eine Philosophier- und Theologisier-Runde zum Thema Religion kann folgen. Ich halte hier keine „richtige" Antwort fest (die auch kein Wissenschaftler bisher gefunden hat), sondern lasse den Kreis vieler Beschreibungen und Ansätze einfach offen. Durch die Vorschläge kann Religion als vielfältiges Phänomen festgehalten werden.

3 Durch Beobachten sich jüdischem Glauben annähern

Ein Bild von Ben mit der Tora

Was Sache ist

Tora heißt Lehre oder Weisung. Insbesondere werden damit die fünf Bücher Moses bezeichnet. Sie stehen an erster Stelle aller jüdischen Schriften. Sie wurden durch die Endredaktion wahrscheinlich im 6.–5. Jahrhundert vor der christlichen Zeitrechnung zusammengestellt und enthalten sowohl Erzählungen vom Ursprung der Welt und dem jüdischen Volk als auch Lehre und Ethik.
Die fünf Abschnitte der Tora sind bei Juden nach ihren ersten relevanten hebräischen Worten benannt:

- Das Buch „B^e^Reschít", „Im Anfang", handelt von der Urgeschichte und den Erzvätern von Abraham bis Joseph (Christinnen und Christen reden vom „1. Buch Moses" oder dem Buch „Genesis").
- Das Buch „Schemóth", „Namen", schildert die Zeit in Ägypten, den Auszug und den Bund am Sinai mit dem „Zehnwort" (Zehn Gebote) (Christinnen und Christen sagen „2. Buch Moses" oder „Exodus").
- Das Buch „WaJik'ráh", „Und er rief", enthält gesetzliche Bestimmungen, besonders für den Opferdienst als auch für Kulthandlungen sowie Speisevorschriften („3. Buch Moses", „Levitikus").
- Das Buch „B^e^Midbár", „In der Wüste", erzählt vom Aufbruch am Sinai und dem Weg durch die Wüste unter anderem mit der Geschichte von Bileam und weiteren Bestimmungen (4. Buch Moses, Numeri).
- Das Buch „D^e^warím", „Worte", enthält die Abschiedsreden von Mose an das Volk. Darunter den Anruf „Höre zu Israel, der Ewige ist unser Gott, der Ewige einzig!" (5. Buch Moses, Deuteronomium). Auf diese Stelle wird im dritten Kapitel noch näher eingegangen.

Die Tora wird für rituelle Zwecke auf präpariertem Ziegenleder mit der Hand geschrieben und als Rolle auf zwei Stäbe gewickelt. So wurden vor zweitausend Jahren alle Bücher hergestellt und aufbewahrt. Erst ab dem ersten Jahrhundert nach christlicher Zeitrechnung wurden einzelne Pergamentseiten zu aufklappbaren Büchern verbunden. Im 4. Jahrhundert setzten sich die klappbaren Seiten gegenüber der Rolle durch.

Artefakte in Verbindung mit der Tora. Die Rolle wird in der Synagoge in einem besonderen Toraschrein, hebräisch „Aron haKodesch"/„heilige Lade" aufbewahrt. Dieses hebräische Wort ist dasselbe wie für die Bundeslade, die erst in der Wüste im Zelt der Begegnung und dann im Tempel verwahrt wurde. Im Gottesdienst, z.B. am Sabbatmorgen, wird der Vorhang des Schreins geöffnet, die Rolle wird „herausgehoben" und ausgekleidet. Der Text wird vorgesungen („kantiliert"), die Rolle wird danach wieder „eingekleidet" und „eingehoben". Zur Kleidung oder dem Schmuck gehören ein Toramantel (Me'il),Kronen (Atara, Keter),

Helme (Rimmonim) und Schild (Tass).[10] Beim Lesen benutzt man einen Deutestab (Jad, das heißt Hand), oft in Form eines langen Stiftes mit einem Finger am Ende. Mit diesem Utensil kann man den Zeilen des Textes folgen, ohne die kostbare Rolle mit den Fingern zu berühren.

Eine beschädigte Rolle wird gesondert aufbewahrt und später auf dem Friedhof beerdigt.

Weitere Schriften. Nicht ganz so hohen Stellenwert haben weitere Schriften, die N^{e}wi'ím („Propheten", zu denen jüdischerseits auch die Geschichtsbücher zählen: Richter, Samuel, Könige, aber ohne das Buch Daniel) und die K^{e}tuwim (die übrigen „Schriften" mit dem Buch Daniel). Unter den K^{e}tubim ragen fünf kleinere Rollen (M^{e}gillót) heraus, die für Festgottesdienste eine Rolle spielen: Kohelet/„Prediger" (am Laubhüttenfest), Esther (Purimfest), Hohelied (Pessach), Ruth (Wochenfest) und Klagelieder (am Erinnerungstag der Tempelzerstörung). T(ora), N(^{e}bi'im) und K(^{e}tubim) werden zusammen als TNK bezeichnet, ausgesprochen „TaNaCh".

Bei der Auslegung des „Talmud" (Lehrwerk, das bis zum 5. Jahrhundert n.Chr. aufgeschrieben wurde[11]) handelt es sich um eine Zusammenstellung aus Lehre, Diskussionen und Erzählungen, die als „mündliche" Tora bezeichnet wird. Die mündliche Tora (Talmud) tritt damit neben die schriftliche Lehre (TaNaCh). „D^{e}rascha" (Forschung, Studium) bezeichnet den gottesdienstlichen Vortrag. Vergleichbar mit einer Predigt behandelt sie die Bedeutung des Wochenabschnittes der Tora für das jüdische Leben.

Was die Schülerinnen und Schüler davon haben

Nach ersten tastenden Beobachtungen beginnen die Schülerinnen und Schüler selbst den Forschungsweg zu planen und werden, wie oben schon angedeutet, in eigenverantwortliches Lernen in Sachen fremder Religion eingeführt.

Inhaltlich geht es bei der Tora um den zentralen Ausgangspunkt jüdischen Glaubens.

10 Dies und das Folgende orientiert sich besonders an Paffenholz (1995), Das Paradies ist freitags im Badehaus. Lesebuch zum Judentum (Weltreligionen), Düsseldorf, 24 f.

11 Es gibt einen babylonischen und einen Jerusalemer (= palästinischen) Talmud. Letzterer spielt eine geringere Rolle.

Was wir brauchen

Farbfotokopien des Arbeitsblatts **JM-3**. Dazu als Schwarz-Weiß-Kopie das Arbeitsblatt **JM-4** und **JM-3b**.

Wie viel Zeit wir benötigen

Wenn Sie drei Unterrichtsstunden einplanen, gibt es genug Zeit für Nachfragen und Erklärungen.

Wie wir vorgehen

Nun steht der Einstieg ins „Judentum“ an. Dabei sollen die Schülerinnen und Schüler selbst die Arbeitsprozesse der folgenden Einheit festlegen.

Die letzten beiden Stunden ging es um Eismenschen, die unser Weihnachtsfest erforscht haben. Diesmal geht es um etwas anderes; es handelt sich um etwas, was tatsächlich fremd ist.

Ich möchte euch zunächst sechs Jugendliche vorstellen, die in einer großen Stadt wohnen und gegenseitig ihre Religionen kennenlernen wollen. Sie sind so etwas wie ein „Religionsforschungsstoßtr upp“.

Die Sechs haben an alle Klassen, die sich mit verschiedenen Religionen beschäftigen, einen Brief geschrieben und möchten, dass wir beratend (wie vorher die Berater des Häuptlings) mit ihnen forschen.

Der Brief von den sechs Kindern kann vorgelesen oder verteilt werden (JM-3b).

Die sechs Kinder werden im Einzelnen mit ihren Religionen im Buch Karlo Meyer (2008), Weltreligionen, Göttingen vorgestellt.

Liebe Religionsgruppe in ...

wir senden euch schöne Grüße aus Hannover. Diese Stadt im Norden Deutschlands hat 500.000 Einwohner. Menschen aus allen Religionen leben hier. Wir sechs sind zwischen 13 und 14 Jahre alt und stammen aus unterschiedlichen Religionen.
Alle gemeinsam wollen wir die verschiedenen Religionen unserer Stadt erforschen.

Wir schicken euch diesen Brief, damit ihr etwas von unseren Erfahrungen miterleben könnt. Vielleicht habt ihr auch Lust zu erkunden, was bei anderen Religionen in eurer Stadt los ist!?

Als Erstes hatten wir die Gelegenheit, gemeinsam Bens Synagoge zu besuchen. Ben zeigte uns, was es dort gibt. Wir anderen fünf waren Forscher. Wir schicken euch ein Bild von diesem Besuch.

Ben ist Jude und hat uns alles erklärt. Vielleicht gibt es bei euch auch Juden im Ort?

Wir hoffen, euch geht es gut.

Eure und Euer

Die Kinder können an dieser Stelle kurz vorgestellt werden, siehe dazu den Text JM–3c.

Wie beim letzten Mal bitte ich euch, zunächst eine Skizze von dem Foto zu machen. Malt dann Pfeile zu den Gegenständen auf der Skizze und beschreibt die Gegenstände (JM–4). Überlegt, was Ben auf dem Bild tut und wozu die Gegenstände gut sind. Versucht eine möglichst richtige (!) Deutung.

Das Bild kann mithilfe einer Farbfolie an die Wand projiziert werden oder für je zwei Schülerinnen und Schüler zusammen kopiert und ausgeteilt werden.

Mögliches Tafelbild (praktischer für die spätere Ergänzung wäre eine Folie)

Erste Umschreibung	Fachwort	Deutungsversuch	Bedeutung für Juden
1. Papierrolle		Beschriebenes Papier	
2. Beutel in Rot		Samtkissen	
3. Silberner Schmuck		Schmuck	
4. Stift in der Hand von Ben		Schreibgerät	
5. Kappe auf dem Kopf von Ben		Kälteschutz	
6. Schal um Bens Schultern		Mode	
7. Tisch, auf dem alles liegt		Tisch	

Wie finden wir mehr heraus?
Am Ende der Stunde sollte das weitere Vorgehen der Schülerinnen und Schüler gemeinsam geplant werden. Wie in der vorangehenden Stunde lassen sich die Vorschläge in der Regel gliedern in:
- Weiteres Beobachten
- Lesen
- Fragen und Zuhören (z. B. als Forschungsinterview) und
- Selbst machen

Kurzreferate mit Ergebnissen aus dem Internet können vergeben werden (Stichwort „Lesen"), ebenso Interviewaufträge zum Gespräch mit einem Juden (Stichwort „Fragen und Zuhören"). Die Synagogenbesichtigung kann in Aussicht genommen werden (Beobachten, Selbst machen).

Wir folgen in den weiteren Stunden einem möglichen Verlauf, der sich aus den genannten vier Punkten (Beobachtung, Lesen, Gespräche, Selbstmachen) ergibt.

Je nach Klasse kann sich selbstverständlich auch ein anderer „Forschungsplan" ergeben.

Beim nächsten Mal soll es mit dem Stichwort „Beobachten“ weitergehen. Vielleicht „schicken“ uns ja die Jugendlichen noch mehr von dem, was sie bei Ben beobachtet haben ... dann können wir auf dem eingeschlagenen Weg weiterforschen.

Hinweise zum Vorgehen, Alternativen und was sich vertiefen lässt

Lehrkräfte, die künstlerisch begabt sind, können die kleine Szene mit der Torarolle an der Tafel skizzieren und Beschreibungen und Deutungen dazu notieren.

Zum Teil wird auf Nurdans Kopftuch oder Kasthuris Schal verwiesen, an diesen Stellen kann man darauf hinweisen, dass hier Ben seine Religion vorstellt. Die anderen beobachten wie wir. (Im Heft „Weltreligionen“ von Karlo Meyer stellen sie ihre eigene Religion vor.)

Viele Jugendliche denken bei dem Stichwort „Fragen“ daran, bei Eltern oder Lehrerinnen und Lehrern nachzufragen. Das ist zwar nicht falsch, es geht aber natürlich darum, selbst Forscherinnen und Forscher in Sachen Religion zu werden. Den Dingen also einmal selbst genauer auf den Grund zu gehen.

Ben stellt seine Religion vor. Beschreibe: Wie mag er sich dabei fühlen?

Das Ritual des Aushebens und Lesens aus der Tora

Während in den ersten Stunden das Beobachten stark im Vordergrund stand, wird es nun kombiniert mit dem ersten Erlesen von Informationen. Je nach Priorität können hierfür auch zwei Unterrichtsstunden verwendet werden. Und zur Beobachtung dient hier eine Bildserie mit Text.

Was Sache ist

Die Torarolle ist nicht nur ein Gegenstand, mit dem sich bestimmte Utensilien verbinden, dieser Gegenstand wird auch besonders gehandhabt.

Beim Gottesdienst wird die Torarolle feierlich aus dem Toraschrein ausgehoben, auf der Bima ausgerollt, hochgehoben und allen gezeigt. Es ist üblich, sie in einem Zyklus von 54 Wochenabschnitten innerhalb eines Jahres durchzulesen. Liberale Gemeinden haben einen Dreijahreszyklus. Die Lesungen im Gottesdienst finden am Schabbát sowie an Feier- und Fastentagen statt. Einige Gemeinden haben auch Lesungen am Montag und Donnerstag während des Morgengottesdienstes. Lesungen aus den N^{e}wi'ím, den Propheten, folgen. Hier reicht zum Vortrag eine Druckausgabe in Buchform.

Ursprünglich wurden die Torarollen erst zum Gottesdienst in den Synagogenraum gebracht.[12] Bald setzte es sich jedoch durch, sie in einem entsprechenden Schrank zu verwahren. Er findet sich in der Regel auf der Seite der Wand, die Jerusalem zugewandt ist, also bei uns auf der Ostseite.

In Anlehnung an Lev 24,2, wo ein Leuchter vor der Bundeslade beschrieben wird, wird häufig ein *Ewiges Licht* in der Nähe der Torarolle angebracht. Traditionell sollte es nur mit einem speziellen Öl brennen und ständig leuchten. Dies ist jedoch in Deutschland nur selten der Fall.

Bald wurde es üblich, ein erhöhtes Lesepult, die *Bima,* vorzusehen. In Deutschland war die Bima früher in der Mitte des Raumes; die Sitzbänke waren in den letzten Jahrhunderten nach Osten ausgerichtet, umgaben aber von drei Seiten das Lesepult. Dadurch prägten zwei verschiedene Ausrichtungen den Raum. Die erste Ausrichtung entstand durch das Pult, von dem die Tora gelesen wurde. Sie geht von den Seiten zur Mitte des Raumes und spiegelt die zentrale Stellung der Tora in der Mitte der Gemeinde wider. Die Lesung kann prinzipiell jeder Jude übernehmen. Die Ausrichtung der Bänke und die Leserichtung nach Osten versinnbildlichte eine zweite Ausrichtung: Diese Raumachse weist nach Jerusalem, als dem Ort des vergangenen und zukünftigen Heils. Seit dem19. Jahrhundert wurde

12 Dies und das Folgende nach G. Stemberger ([3]1999), Jüdische Religion, München, S. 71–73

es üblich, auch die Bima nach vorn in die Nähe des Toraschreins zu stellen: Damit wurde die Ostachse stärker betont. Der Vorteil der neuen Anordnung ist vor allem der, von vorn agieren zu können.

Was die Schülerinnen und Schüler davon haben

Durch die Einführung einzelner Fotos vom Gottesdienst – hier sollte auf den Film noch verzichtet werden – haben die Schülerinnen und Schüler ausreichend Zeit, sich Details genauer anzusehen. Dabei erlernen sie eine genaue visuelle Wahrnehmung. Gleichzeitig kann ihnen die Detailfülle menschlicher Rituale bewusst werden.

Was wir brauchen

Grundlage ist die Bilderserie zum Besuch der fünf Freunde in der Synagoge (mit **18 Bildern auf der DVD unter Bildserien**); dazu gehört das Arbeitsblatt **JM-6**.

Die Audiostücke **Hörprobe 1** und **Hörprobe 2 (unter Audio Medien)** können einen weiteren Wahrnehmungssinn ansprechen.[13]

Evtl. kann bei einer Vertiefung das Arbeitsblatt **JM-7** verwendet werden, um selbst Sinnsprüche auf eine Rolle zu schreiben.

Wie wir vorgehen

Die Jugendlichen haben noch mehr geschickt. Ich zeige euch eine kleine Fotoreihe von unseren „Stoßtrupplern“, die zum einen vor, aber auch nach dem Foto vom letzten Mal aufgenommen wurde. Man kann darauf sehen, wie die fünf Freunde beobachten, wie Ben eine Torarolle vor und nach dem Lesen behandelt.

13 Wenn die Hörprobe nicht von einem Computer, sondern von einem CD-Spieler abgespielt werden soll, muss sie von der DVD auf eine CD kopiert und diese als Musik-CD gebrannt werden.

Wer Zeit hat und die Forscherhaltung weiter betonen möchte, kann die Bilder beim ersten Mal ohne Text zeigen, Erinnerungen und Deutungen zusammentragen und im Anschluss das Ganze noch einmal mit Text (siehe unten) vorführen.

[Die Sätze in eckigen Klammern können auch fortgelassen werden.]

(1) Es hat in der Synagoge geklingelt. Ben schaut auf die Bildschirme der Sicherungsanlage. Die ganze Gruppe mit Nurdan, Kasthuri, Vanessa, Anna und Oliver ist da.
(2) Ben öffnet die verspiegelte Tür und sagt: „Ich wünsche euch Schalom. Das heißt Frieden. Kommt herein."
Nurdan (mit dem Kopftuch) fragt: „Wozu ist dieser schwarze Punkt hier an der Wand?" und Ben antwortet: „Das ist die Kamera von unserer Sicherungsanlage. Es gibt Menschen, die etwas gegen uns haben. Daher müssen wir aufpassen. Aber keine Sorge, ihr seid hier heute sicher, kommt herein."
(3) Vor dem Synagogenraum sagt Ben: „Stopp, hier müssen sich alle Jungen eine Kappe, die Kippa, aufsetzen." Ben zeigt Oliver, wie das geht. „Wozu ist das gut?", fragt Oliver. – „Wir drücken so unsere Ehrfurcht gegenüber Gott aus."
(4) Im Raum nimmt Ben seinen Tallit, hält ihn vor sich und spricht ein Segensgebet. Am Rand des Tuchs steht: „Gelobt seist Du, Ewiger, unser Gott, König der Welt, der uns geheiligt hat durch seine Gebote ... [und uns befohlen hat, uns in die Zizit zu hüllen.]" Der Tallit sieht wie ein großer Schal oder ein Tuch aus, hat eine festgelegte Zahl von Fäden und von Knoten und ist eine Art besonderes Kleidungsstück für das jüdische Gebet. [Die geknoteten Fäden heißen Zizit.]
(5) Dann legt er es über die Schulter, küsst einen geknoteten Faden. Die vielen Fransen erinnern an die Weisungen und Regeln in der Tora. Ben drückt so seinen Respekt gegenüber diesen Regeln aus. Nur mit dem Tallit und der Kippa darf er den Schrein öffnen.[14]
(6) Ben geht mit den anderen zum Toraschrein. In jeder Synagoge befindet sich ein Toraschrank, der meist an der Wand nach Osten steht, nach Jerusalem gewandt.
(7) Wenn Ben den Schrein öffnet, sind die Torarollen zunächst von einem Vorhang verdeckt. Er öffnet den Vorhang.

14 In der liberalen jüdischen Gemeinde in Hannover, aus der Ben stammt, ist es üblich, bei jedem Herausheben diesen Ritualen zu folgen. Andere Gemeinden folgen diesen Ritualen nicht unbedingt.

(8) Der Toraschrein macht deutlich, wie kostbar die Tora ist. Vorsichtig hebt er eine Rolle aus dem Schrein. Sie wiegt etwa 16 Kilogramm, also so viel wie ein ziemlich schwerer Koffer.
(10) Auf dem Pult, der Bima, werden die Kronen [Atara] oder Helme der Tora abgenommen. [Die Helme heißen auch Rimmonim.]
(11) Danach wird der Schild [Tass] abgenommen. Kronen, Helme und Schild drücken die königliche Würde der Tora aus.
(12) Schließlich wird der Mantel der Tora ausgezogen. [Der Mantel heißt Me'il.] Er schützt die Rolle.
(13) Dann wird die Tora aufgerollt.
(14) Ben nimmt den Jad und liest eine Stelle vor. Der Jad ist ein Zeigestab, der helfen kann, in der richtigen Zeile zu bleiben, ohne die Torarolle zu berühren. Jad bedeutet einfach „Hand".
(15) Die Schrift auf dem Pergament ist Hebräisch. Ben kann sie noch nicht so gut lesen. Daher hilft ihm der Rabbiner der Gemeinde. Das klingt so ... (Audio Medien: **Hörprobe 9** Psalm 143).
(16) Danach wird die Rolle wieder zusammengerollt. Eine Gemeindemitarbeiterin hilft dabei.
(17) Sie hält danach auch die Tora fest, damit Ben den Mantel über die schwere Rolle ziehen kann.
(18) Es folgen die Torakronen [Atara] und der Schild.
(19) Danach kommt die Rolle wieder in den Schrank. Ben tut dies alles, weil ihm die Tora so wichtig ist. Für Juden sind die Tora und ihr Inhalt der Mittelpunkt ihres jüdischen Glaubens.
[Es folgen noch drei Bilder die auch fortgelassen werden können.]
(20) Neben dem Schrein sind zwei Leuchter. Ben zeigt den anderen einen *sieben*armigen Leuchter. Er heißt Menora und erinnert an den alten Tempel in Jerusalem.
(21) Der Leuchter mit *acht* Armen heißt Channukkaleuchter und wird normalerweise nur zum Channukkafest angezündet.
(22) Zum Schluss gibt es für alle etwas zu essen.

Zum Abschluss spiele ich euch noch einmal ein kleines gesungenes Stück aus der Tora vor. Es ist das Glaubensbekenntnis der Juden."
– **Hörprobe 1**.

Nun kann die Tabelle ergänzt werden. (s. S. 40)

Umschreibung	Fachwort	Vermutungen zur Bedeutung	Bedeutung für Juden
1. Papierrolle	Tora[15]	Vielleicht beschriebenes Papier	Auf Leder geschriebene heilige Schrift der Juden
2. Beutel in Rot	Toramantel	Samtkissen	Ausdruck für den Wert der Tora und Schutz
3. Silberner Schmuck	Torakronen/Torahelme/Schild Atara/Rimmonim/Tass	Möglicherweise Schmuck	Ausdruck für die königliche Würde der Tora
4. Stift in der Hand von Ben	Jad	Evtl. Schreibgerät	Zeigegerät, um in der Zeile zu bleiben
5. Kappe auf dem Kopf von Ben	Kippa	Vielleicht Kälteschutz	Ausdruck für Ehrfurcht gegenüber Gott
6. Schal um Bens Schulter	Tallit	Mode	Kleidungsstück für das jüdische Gebet.
7. Tisch, auf dem alles liegt	Bima	Tisch	Lesetisch in einer Synagoge

Als Hausaufgabe sollte jede/jeder zunächst ein besonderes Schriftstück oder ein Buch, das ihnen wichtig ist, mitbringen. Gemeinsam können erste Vorschläge für Mitbringsel am Ende der Stunde gesammelt werden (z.B. Comic, Poesiealbum, Familienbibel, Geburtsurkunde).

Hinweise zum Vorgehen, Alternativen und was sich vertiefen lässt

Evtl. können Sie eine kleine Belohnung als Anreiz für jemanden aussetzen, der sich alle Schritte beim Aus- und Einheben der Tora merken kann. Am Ende wird es jedoch erfahrungsgemäß ein Zusammentragen aller geben.

Mit dem Arbeitsblatt **JM-6** können die einzelnen Schritte der Bilderserie wiederholt und vertieft werden. Das Arbeitsblatt kann auch die Fotos ersetzen.

15 Ganz präzise heißt die Rolle: Sefer Tora.

Schwierige Worte sollten zunächst unterstrichen und evtl. am Rand wiederholt werden.

Schülerinnen und Schüler können reflektieren, wie sie Fremdheit erleben und warum es wichtig ist, auf diese Fremdheit immer wieder hinzuweisen. (Mögliche Antworten: Ernst nehmen der Anderen, es gehört nicht zu uns, Ben hat seinen eigenen Ort ...)

Ein Bild aus der Reihe, das den Schülerinnen und Schülern besonders einprägsam war, wird auf der blauen Judentumsleiste unter „Beobachten" aufgeklebt. Nachdem die Begriffe geklärt wurden, werden einige Fachwörter dazugeschrieben (s. u.).

Wenn Sie sich an dieser Stelle mehr Zeit nehmen wollen, können Sie mit den Schülerinnen und Schülern einen ersten Blick auf eigene Rituale werfen: Wo haben wir als Nicht-Juden solche ausgeprägten Handlungsfolgen? Was passiert bei uns ganz genau? Statt des christlichen Sonntagsgottesdienstes sollte der Blick lieber auf Rituale gelenkt werden, die die Schülerinnen und Schüler regelmäßig vollziehen. Beim Gottesdienst ist dies selten der Fall, er ist zudem recht komplex. Grob kann man z. B. zwischen Ritualen der sozialen gegenseitigen Wertschätzung (Begrüßung, Einladungen, Geburtstagsfeiern) und religiösen Ritualen unterscheiden. Vielleicht traut sich auch jemand, von einem Abendritual, wie dem Beten, zu berichten. Familienrituale um Weihnachten sind eine religiöse Variante, die noch die meisten kennen und erlebt haben.

Beobachten	Lesen	Fragen und Hören	Selbst etwas machen
  Torarolle, Bima, Jad, Toramantel, Tallit, Kippa			

Eine Klassen-Rolle gestalten und mit Ritualen verbinden

Die Schülerinnen und Schüler waren vorab aufgefordert, zu dieser Stunde ein besonderes Schriftstück oder ein Lieblingsbuch mitzubringen. Vorschläge wurden noch am Ende der vorangehenden Stunde gesammelt und reichten vom Comic über das Poesiealbum bis zur Familienbibel oder der Geburtsurkunde.

In der nun anstehenden Stunde setzen sich alle im Kreis und legen die mitgebrachten Bücher in die Mitte (soweit räumlich möglich). Wer sein Buch oder Schriftstück vergessen hat, schreibt kurz auf ein Blatt, was er oder sie mitgebracht hätte.

Die Schülerinnen und Schüler berichten der Gruppe, warum er/sie dieses Buch gewählt und mitgebracht hat.

Anschließend kann zu den einzelnen Schriftstücken erklärt werden, wie diese in die Hand genommen werden und was man wie mit ihnen macht:

- Das Poesiealbum hat einen Verschluss, der vorsichtig geöffnet wird. In dieses Buch schreibt man sehr sorgfältig einen schönen Spruch.
- Die Urkunde wird in eine Hülle gelegt und in einem besonderen Hefter im Schreibtisch verwahrt oder in einem Bilderahmen an die Wand gehängt.
- Der Fleddercomic wird aus der Tasche gezogen, er darf ruhig Eselsohren bekommen.

Jede Buchgattung hat ihre Form der Handhabung. Vielleicht lassen sich Gruppen mit Büchern ähnlicher Handhabung bilden?

Wie wäre es, selbst eine Schriftrolle zu machen? Was wäre ein wichtiges Thema, ein wichtiger Inhalt für uns? Wie sollte es gemacht und wie aufbewahrt werden.

Es besteht die Möglichkeit, mit individuellen Bildern und kleinen Texten, die den Schülerinnen und Schülern wichtig sind, eine eigene Rolle herzustellen. Vielleicht könnte es ähnlich der Tora eine Rolle der „Lebenswörter" werden, die nicht nur schön sind, sondern durch die man wichtige und weise Worte über das Leben erfährt?

Ganz praktisch ist hierfür die Verwendung einer Thermopapierrolle für Faxgeräte. Diese kann man in zwei Hälften teilen und von Stunde zu Stunde in den folgenden Wochen unter den Schülerinnen und Schülern weiterreichen. Jeder kann Passagen einer „wichtigen und weisen“ Geschichte oder Lebensregel selbst schreiben, abschreiben oder dazu ein Bild malen und das Ganze dann weitergeben, sodass eine lange Ket-te an Erzählungen, Sätzen und Bildern entsteht. In der letzten Stunde der Einheit können die zwei Hälften der Thermorolle zusammengeklebt werden. Wer noch Holzwäscheklammern aus den fünfziger und sechziger Jahren hat, kann diese oben und unten auf die inneren Papprollen stecken und es entsteht fast eine antike Schriftrolle (siehe Abb.), die einen würdigen Ort im Klassenzimmer oder dem Religionsraum (bei gemischten Religionsgruppen) finden kann.

Um auszudrücken, dass dies keine jüdische, sondern eine mehrheitlich christliche Rolle ist, kann die Ummantelung in Violett oder einer anderen Farbe gestaltet werden. Alternativ können auch DIN-A4-Blätter aneinandergeklebt werden.

Falls noch Zeit ist, kann gemeinsam überlegt werden, was eigentlich Rituale sind und was sie zum Ausdruck bringen können:

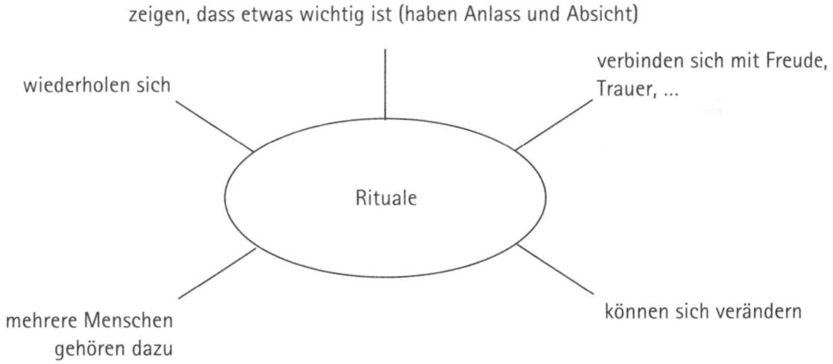

E. Fromm definiert Rituale übrigens: „Rituale sind gemeinsam vollzogene Handlungen zum Ausdruck gemeinsamer Strebungen, die in gemeinsamen Werten wurzeln.“[16]

Hinweise zum Vorgehen, Alternativen und was sich vertiefen lässt

Die Schüler können alternativ Texte aus Büchern auswählen, die ihnen wichtig sind, diese kopieren und die Kopien zu einer großen Rolle zusammenkleben.

Das Arbeitsblatt **JM-7** mit fertigen Texten und Sinnsprüchen gibt die Möglichkeit, für jeden selbst eine kleine Rolle mit einem Lieblingsspruch zu erstellen.

Die Kopien der ersten Seiten eines eigenen Buches oder ein Text daraus, werden auf die violette Leiste geklebt (s. u.).

Das „Lernen“ von den Worten anderer durch diese Klassenrolle kann später zum Thema werden (s. S. 70 f.).

Beobachten	Lesen	Fragen und Hören	Selbst etwas machen
 Torarolle, Bima, Jad, Toramantel, Tallit, Kippa			

16 Der Ausdruck „gemeinsam vollzogene Handlungen“ ist ein Punkt, der sicher geklärt werden muss, denn auch allein lassen sich Rituale vollziehen.

4 Durch Lesen sich jüdischem Glauben annähern

Die Schülerinnen und Schüler verbinden mit Lesen vielfach das private Lesen von Comics, bei Sachfragen zum Teil schon Lesen von Informationen aus dem Internet. Das „Handwerkliche" des Lesevorgangs wird ihnen wieder bewusst, wenn sie lernen, eine fremde Schrift zu entziffern. Sie nehmen Fremdheit genauer wahr und den Aufwand, den es bedeutet, Fremdes zu lesen. Gleichzeitig wird so eine Besonderheit des jüdischen Glaubens aufgenommen, eines Glaubens, der sich eben auch über das Lesen der hebräischen Tora erschließt.

In einer ersten Stunde geht es um die Schrift. Die Inhalte – hier vor allem das Sch^{e}má Jisrael – können in zwei oder mehr Folgestunden anschließen.

Was Sache ist

Hebräisch[17] gehört zu den semitischen Sprachen. Seit dem babylonischen Exil (586–538 v. Chr.) trat es aber im Alltag allmählich zurück. Umgangssprachlich wurde vermehrt Aramäisch gesprochen, eine semitische Sprache aus dem syrischen Raum. (Jesu Muttersprache war aramäisch.) Etwa seit dem Jahre 200 n. Chr. wurde Hebräisch im normalen Alltagsleben nicht mehr gesprochen. Erst vor 120 Jahren wurde es wieder belebt und wird nun mit kleinen Änderungen (Zeitverständnis der Verbformen, Objektänderungen) in Israel als Alltagssprache gesprochen und als Ivrit bezeichnet. Ivrit heißt nichts anderes als „Hebräisch", denn das „H" von „Hebr" hat sich aus einem hebräischen Kehlansatz entwickelt, den Europäer nicht sprechen, das „B" kann in semitischen Sprachen auch wie „W" lauten, das „R" bleibt, Vokale könne sich wandeln.

Die Schrift ist aus kanaanäisch-phönizischen Einflüssen entstanden. Ursprünglich geht sie auf Bildsymbole zurück. Erste Belege des Alt-Hebräischen gibt es auf Pfeilspitzen von 1200 v. Chr. Die heutige sogenannte Quadratschrift wurde im 2. Jahrhundert von den damals führenden Rabbinern für verbindlich erklärt. Wie alle semitischen Schriften wird sie von rechts nach links geschrieben und ist eine Schrift, die auf Konsonanten basiert. Nur einzelne lange Vokale können zum Teil auch mit der Konsonantenschrift bezeichnet werden. Ergänzende Zeichen für Vokale wurden erst wesentlich später hinzugefügt, um nicht-muttersprachlichen Lesern die Lektüre zu vereinfachen und um ein einheitliches Textverständnis zu gewährleisten. In Israel wird heute auf die Vokale weitestgehend verzichtet.

17 Dieser Absatz greift unter anderem auf Hintergrundwissen aus G. Stemberger ([3]1999), Jüdische Religion, München, S. 43–47, zurück.

Die Sprache. In der jüdischen Religion wurde Hebräisch auch als die „Sprache Gottes" (so der palästinische Talmud), die „Sprache des Heiligtums" und „Sprache der Schöpfung" (Buch der Jubiläen) bezeichnet. Nach einer Tradition ist sie die Ursprache, die erst durch den Turmbau zu Babel durch eine Sprachenvielfalt abgelöst wurde. Nach einer anderen Tradition ist sie die Sprache der Schöpfung und Adams und Evas, die nach dem Sündenfall verloren gegangen war (Buch der Jubiläen). Abraham soll sie bei seiner Berufung wiedergegeben worden sein. Eine Verheißung aus dem Buch Zefanja wurde so interpretiert, dass am Ende der Zeit das Hebräische wieder gemeinsame heilige Sprache aller Völker wird (Zef 3,9).

Mit der Sprache wird auch das Alphabet als heilig angesehen. Nach rabbinischer Tradition war es auf dem Thron Gottes als Schöpfungswerkzeug eingraviert. Entsprechend diesem hohen Rang spielt das Lernen und Lesen im Judentum schon seit der Antike eine herausragende Rolle. Auch archäologische Funde belegen (Urkunden, Rechnungen, Briefe), dass Schreibkenntnisse in Israel weit verbreitet waren (im Unterschied zu manchen Ländern der antiken Welt). Über die Jahrtausende wurde auf Lernen, Lesen und Studium der alten Schriften ein besonderer Wert gelegt.

Das Sch^{e}má Jisraél. Als Inhalt aus der Tora wurde ein Stück ausgewählt, das in der Regel nicht im sonstigen Religionsunterricht (Kindergottesdienst oder Konfirmandenunterricht) Erwähnung findet. Das Sch^{e}má ist das „Glaubensbekenntnis" der Juden. Von der Form her trifft eher die Charakterisierung als „Aufruf zum Glauben": „Höre zu, Israel, der Ewige, unser Gott, der Ewige ist einzig." „Gepriesen sei Gottes ruhmreiche Herrschaft immer und ewig!" „Darum sollst du den Ewigen, deinen Gott, lieben mit ganzem Herzen, mit ganzer Seele und mit ganzer Kraft ...".

Dieser „Aufruf" ist eingebettet in die Vorstellung des Bundes zwischen dem Volk Israel und Gott. Im Bund verspricht Gott, dass er in besonderer Weise für sein Volk da ist. Das Volk versprach, seinen Geboten zu folgen (und das heißt nicht nur den „zehn" Geboten). Dabei ist das Wort „Bund" nicht in dem Sinne misszuverstehen, als ob Gott seinen Bund nur hält, wenn das Volk sich entsprechend verhält. Gott bleibt dem Bund treu.

Gläubige Juden sprechen das Sch^{e}má Jisrael in der Regel zwei Mal am Tag, am Morgen und am Abend. Es besteht aus drei Teilen, die aus dem Buch D^{e}warim/5 Mose 6,4–9 und 11,13–21 stammen, sowie dem Buch B^{e}Midbár/4 Mose 15,37–41. Als zweiter Satz ist ein Stück aus der Mischna Joma eingeschoben (mJoma 6,2). In Auszügen findet sich der Text auf Arbeitsblatt JM-9 und JM-10.

Was wir brauchen

Die Arbeitsblätter zur hebräischen Schrift (JM-8) bestehen aus vier Seiten. Der Wortlaut des Sch^{e}má findet sich in zwei Variationen:

- einem fertigen Arbeitsblatt (JM-10) (Einleitung zum Kontext dieser Worte in der Tora)
- einem Ausschneideblatt für das Puzzle (JM-9) (Einleitung zum Puzzle) und dem Aufklebebogen (JM-11).

Zu hören ist der Wortlaut unter der **Hörprobe** 2 und in Kurzform unter der **Hörprobe** 1.

Das Thema „Bund“ wird mit dem Arbeitsblatt JM-12 thematisiert und zur Erstellung einer Overheadfolie, die als eine Rätselvorlage für das Sch^{e}má ohne Vokale dient, gibt es das Arbeitsblatt JM-13.

Für Vertiefungsstunden zu den Psalmen steht JM-14 zur Verfügung.

Wie viel Zeit wir benötigen

Sehr kompakt kann das Ganze in zwei Stunden unterrichtet werden. Mehr Zeit gibt den Schülerinnen und Schülern auch die Chance zur Vertiefung.

Die Schrift des jüdischen Glaubens kennenlernen

Vom Beobachten als erstem Forscherschritt waren wir schon in der letzten Stunde ansatzweise zum Lesen gekommen. Selbstverständlich gehört für Religionsforscher auch das Lesen alter Manuskripte dazu. Hebräische Schrift sieht nicht nur alt aus, sie ist es auch und erscheint Uneingeweihten fast wie eine Geheimschrift. In Israel sind allerdings alle Bücher und Zeitungen in dieser Schrift geschrieben. Die Schüler können diese Schrift lernen, genauer gesagt: sich selbst beibringen. Dazu liegt eine Anleitung von Ben in den Arbeitsblättern JM-8 vor (4 Seiten).

Das erste Arbeitsblatt kann gemeinsam an einem OHP ausgefüllt werden, die folgenden Blätter können die Schülerinnen und Schüler selbst bearbeiten. Als Übergang von OHP zum eigenen Arbeiten, ist folgendes Tafelbild möglich (auch als Folie auf JM-8b):

Wenn du eigene Worte auf Hebräisch schreibst, beachtest du am besten folgendes:

a) Zuerst schreib das Wort richtig auf.

Beispiel: Hilf
Buchstabennummer: 1 2 3 4

b) Dann schreib es falsch herum.

Beispiel: Hilf → fliH
Buchstabennummer: 1 2 3 4 → 1 2 3 4

c) Nun schreib das Wort erst ohne die Vokale a, e, i, o, u.

Beispiel: Hilf → fliH → flH

Erst danach schreibst du den passenden Vokal a, e, i, o, u an der richtigen Stelle darunter

Beispiel: Hilf → fliH → flH
→ i

d) Schließlich ersetze alle Buchstaben durch die Hebräischen aus der Liste Seite 4.

Beispiel: Hilf → fliH → flH → ה ל ף
→ i → •

(Vorlage Folie **JM-8b**)

Erfahrungsgemäß ist es für Schülerinnen und Schüler der fünften und sechsten Klasse am schwersten, sich zu merken, wirklich jedes Mal von rechts nach links zu schreiben, statt von links nach rechts. Problematisch ist häufig auch, die Vokalzeichen nicht neben die Konsonanten zu malen, sondern direkt unter den vorangehenden Konsonanten. Alles andere ist einfach und klappt sehr gut.

Danach können die Kinder ihren Namen selbst schreiben oder Worte wie Maria, David oder auch das schwierige Jeruschalajim für Jerusalem selbst entziffern.

Sie brauchen als Lehrkraft dazu vorab diese Schrift und Sprache nicht zu können. Bei einer leistungsstarken Gruppe kann der Inhalt in einer Unterrichtsstunde gelernt werden.

Hinweise zum Vorgehen, Alternativen und was sich vertiefen lässt

Zur hebräischen Schrift: Eine der Schülerinnen und Schüler kann hebräische Buchstaben für die blaue Leiste abmalen, evtl. ein anderer lateinische für die violette Leiste. „Was gefällt dir an der lateinischen Schrift besonders gut, was an der hebräischen?“

Es kann ein Bewusstsein für die eigene Schrift entstehen, auch dafür was und wie sie vereinfacht: „Wie viele Laute verbinden sich mit dem Zeichen „e“ oder „i“?

Das Schreiben der eigenen Namen auf Hebräisch kann in korrekter Form evtl. nicht so ganz einfach werden. Da es sich hier aber nicht um Hebräischunterricht handelt, kann man pragmatisch vorgehen. Doppelvokale kann man also einfach unter den Konsonanten hintereinander schreiben (was es so im Hebräischen nicht gibt). Laute wie J bei „Jeannette“, die im Hebräischen nicht vorkommen, werden von den Schülerinnen und Schülern wahrscheinlich sowieso mit dem Hebräischen „j“/„י“ transkribiert.

Das „Sch^{e}má Jisrael“

Ein bis zwei Stunden sind für das „Lesen“ einzuplanen. Inhaltlich wurde das „Sch^{e}má Jisrael“ ausgewählt. Übersetzt wird „Höre zu, Israel …“.

Für die Schüler steht die Erschließung des Textes im Vordergrund. Um den Zusammenhang zu klären, kann die Lehrkraft vorab die Geschichte Israels frei erzählen oder von den Schülerinnen und Schülern durch ihr Vorwissen zusammentragen lassen.

Jüdinnen und Juden erinnern sich immer wieder an die Geschichte ihres Volkes. Zunächst waren sie lange in Ägypten gewesen und dort wie Sklaven behandelt worden …

In der Wüste schloss Gott einen Bund mit dem Volk. Er versprach ihnen, ihr Gott zu sein. In dieser Zeit liegt der Ursprung eines alten Textes ...

Als Einstiegsidee für das Schᵉmá haben wir die Texte auf antik erscheinendes Papier kopiert und es in kleine Stücke zerschnitten (Arbeitsblatt **JM-9**).

Wie Forscher bei uralten Manuskripten setzen die Schülerinnen und Schüler zu zweit ihre Lesetexte zunächst selbst zusammen. Das dauert erfahrungsgemäß zehn Minuten. Die Information, dass es vier Texte sind, hilft den Schülerinnen und Schülern ebenso wie der Hinweis, welches Format sie später haben sollen. Dazu kann schon das Aufklebeblatt verteilt werden (Arbeitsblatt **JM-11**).

Wir haben auf den Arbeitsblättern den hebräischen Wortlaut des Schᵉmá (in Ausschnitten) mit aufgeschrieben, es geht dabei nicht darum, ihn zu lesen oder zu entziffern, sondern darum, ein Bewusstsein für die bleibende Fremdheit der anderen Religion eben auch durch die unübersetzte Schrift zu erhalten. Für Interessierte zur Aussprache mit „interlinearer“ Übersetzung:

① שמע ② ישראל ③ יהוה ④ אלהינו ⑤ יהוה ⑥ אחד

① Schemá	② Jisraél	③ Adonáj	④ elohénu	⑤ Adonáj	⑥ ächád
① Höre zu	② Israel	③ der Ewige	④ unser Gott	⑤ der Ewige (ist)	⑥ einzig

Die gesungene Vollversion findet sich als Audiobeispiel unter **Hörprobe 2**, sowie in anderer Form auch unter **Hörprobe 3**.

Die einzelnen Absätze des Arbeitsblattes können besprochen werden (dazu unten weitere Hinweise).

Hinweise zum Vorgehen, Alternativen und was sich vertiefen lässt

Wer sich für den Gedanken des „Bundes“ Zeit nehmen will, kann den Bund als ein geöffnetes Tor durch das Arbeitsblatt **JM-12** darstellen. Die Torflügel sind durch Gott immer offen. Die Torflügel des Bundes sind beschriftet: auf der einen Seite mit Bens Zugehörigkeit zum Volk Israel und auf der anderen mit dem Einhalten der Weisungen und Regeln Gottes. Die Beschriftung ist innen im Tor – gilt also für die, die schon drinnen sind (sie ist keine Eintrittsbedingung! Sonst wäre die Beschriftung außen). Über dem Tor selbst steht die Zusage Gottes, für sein Volk da zu sein. Aus Dankbarkeit, dass Gott für sein Volk da ist, und als ererbte Verpflichtung halten sich Jüdinnen und Juden an Gottes Regeln.

Zu JM-9-11

Bei Text A kann zusätzlich darauf hingewiesen werden, dass diese Worte für jeden Juden eine Art Glaubensbekenntnis bilden, das jeden Tag gesprochen werden sollte, um sich an Gottes Bund mit seinem Volk zu erinnern. Das Erinnern der Geschichte ihres Volkes ist für Juden ein wichtiges Motiv.

Zu Text B kann hinzugefügt werden, dass vielen Juden dieser Text so wichtig ist, dass sie beim Beten diese Worte in kleinen Kästen an der Stirn befestigen und am Arm, in der Nähe des Herzens, mit sogenannten T^{e}ffilín. Die Texte an der Haustür heißen M^{e}súsa, DVD J-Bild -31 bzw. -34.

Anhand Text C können die Schülerinnen und Schüler herausfinden, was heute die Hilfe Gottes für Jüdinnen und Juden sein könnte. In diesem Zusammenhang bieten sich Gespräche über das damit verbundene Gottesbild an.

Nach Text D kann darüber diskutiert werden, inwieweit die Regeln und Gebote um Gottes Willen oder/und um der Menschen willen gehalten werden sollten (für strenggläubige Juden steht das „um Gottes Willen“ an erster Stelle).

Für den Gottesnamen wird hier das bei den Juden gebräuchliche Wort „der EWIGE“, verwendet.[18] Es kann eigens thematisiert werden, dass der Gottesname nicht ausgesprochen wird. Zur Erinnerung: das Tetragramm des Namens von Gott sieht so aus:

ה	ו	ה	י	←—— lies von rechts
H	W	H	J	

18 Dieser Begriff wurde in der Übersetzung von Mendelsohn im 18. Jahrhundert für das Tetragramm eingeführt.

Aus Rücksicht gegenüber Juden sollte es nicht ausgesprochen werden. Um Missverständnisse zu vermeiden, können Sie darauf hinweisen, dass Jehowa eine falsche Aussprache ist. In Kürze: Sie entstand dadurch, dass JHWH in der Regel als (A)donaj (entspricht „mein HERR") gelesen wurde. Daher schrieben die jüdischen Redakteure die Vokale der Aussprache „(A)donaj" unter die Konsonanten des unaussprechlichen „JHWH", obwohl nun Konsonanten und Vokale zu verschiedenen Worten gehörten. Ahnungslose Christen verbanden nun die Konsonanten des einen Wortes (JHWH) mit den Vokalen des anderen („(A)donaj": 1. kurzes (a) ähnlich kurzem „e", 2. o, 3. a). Das Wort J ^{e} h o w a war geboren.

Zur Diskussion: Wie kommt der Autor des Puzzle-Arbeitsblattes JM-9 dazu, die hebräischen Buchstaben für deutsche Schülerinnen und Schüler mit aufzuschreiben?

Eine Geschichte zum Sch^{e}má Jisrael

In der folgenden Stunde wird eine Geschichte zum Sch^{e}má erzählt.

Sie wurde ausgewählt, weil sie eine ganze Reihe wichtiger Charakteristika jüdischen Glaubens behandelt:

1. Die Situation der *Verfolgung und Bedrohung* von Jüdinnen und Juden wird aufgenommen.
2. Der genaue Blick auf Worte und *Buchstaben* der Tora wird deutlich.
3. Eine kleine, aber eigentümliche *Besonderheit* in jeder Tora-Rolle wird erklärt: Ein zu großes Ajin und ein zu großes Dalet – hier verdeutscht als fettgedrucktes „z" und „g".

Zum Einstieg in die Geschichte bietet es sich an, auf eine Folie (oder an der Tafel) den Konsonantenbestand des deutschen „Höre ..." aufzuschreiben oder an die Wand zu projizieren (JM-13):

א steht für einen vokalischen Anfang
ה steht für ein vokalisches Wortende

Hrה **Z**ה, אsrl, dr אwgה , אnsr Gtt; dr אwgה אst אnz**g**.

Mit ein paar kleinen Hinweisen und im Anschluss an das letzte Arbeitsblatt sollte es den Schülerinnen und Schülern gelingen, diesen Text schnell zu entschlüsseln. (Vgl. das Arbeitsblatt **JM-8** zum Hebräischen.)[19]

Der Knackpunkt ist aber eine weitere Besonderheit. Den Schülerinnen und Schülern fällt auf, dass das „z" und das „g" größer und dicker gedruckt sind. Was mag das bedeuten? Ein neues Wort? ...

Jüdinnen und Juden erinnert diese Schreibweise an die Geschichte ihres Volkes – an die Geschichte von Rabbi Chanina. Sie bietet eine Erklärung für diese Buchstaben an: *Spielen Sie kurz* Hörprobe 1 *an.*

Es war vor etwa 1900 Jahren.[20] Die Zeit war nicht einfach. Die Römer beherrschten fast alle Länder um das Mittelmeer. Alle mussten ihren Befehlen folgen. Ein Befehl war, dass Juden nicht mehr in der Tora lesen durften. Sie sollten den *römischen* Göttern dienen und nicht mehr ihrem Gott.

In dieser Zeit lebte Chanina, Tradjons Sohn. Er war Toralehrer, Rabbiner, und dachte gar nicht daran, dem Befehl der Römer zu folgen. Die Tora war für ihn zu wichtig. Gott, der EWIGE, war zu wichtig.

Jeden Tag saß er mit seinen Schülern über die Tora gebeugt und las die alten Worte. Jedes kleine Stück der Schrift wurde genau gelesen und betrachtet. Sie waren gerade an der Stelle, wo es heißt:

„Höre **Z**u, Israel, der Ewige unser Gott, der Ewige ist einzi**g**." Da zeigte ein Schüler auf die Buchstaben und rief: „Schaut mal, das „z" und das „g" sind größer geschrieben." Chanina runzelt die Stirn: Merkwürdig, was mochte das bedeuten? War das Absicht?

19 Ein solches Gemisch von lateinischen und hebräischen Buchstaben, von Schreibweisen nach rechts und nach links ist sicherlich für Experten nicht stimmig, kann hier aber auf die Wiedererkennung bauen, dient dem Umgang mit fremden hebräischen Buchstaben und lässt diese Ambivalenz von bleibender Fremdheit und erster Vertrautheit offen, die einen Lernprozess und besonders das Lernen an Religion bestimmt. Damit ist gerade die Inkonsistenz ein Charakteristikum von Lernprozessen, in denen sich Neues mit Altem beim ersten Lernen vermengt und eine „Mischwelt" bildet (Algebra lernen mit Äpfeln, Buchstaben mit Bildern).

20 Die Verfolgung unter Hadrian fand ab 135 n.Chr. statt. Geschichte nach Awoda sara 18a in: R. Mayer (1963 / 1980), Der Talmud, München, S. 437 f. und bei den Details und der Rahmung nach J. Liechti-Möri / B. Messerschmidt / G. Minnaard (2004, Hrsg.), Die Menora mit Kindern entdecken. Ein Arbeitsbuch für Kirche, Schule und Familie (Themen aus dem christlich-jüdischen Gespräch. Erev-Rav-Hefte. Israelitisch denken lernen Nr. 7), Knesebeck, S. 57 f.

In diesem Augenblick stürmte ein Nachbar herein: „Was machst du da, Chanina? Hast du nicht die Nachricht gehört: Die Römer haben beschlossen, dass jeder, der noch in der Tora liest, sofort getötet wird. Es ist viel zu gefährlich, was du machst. Wenn sie dich sehen, bringen sie dich um.“ Chanina ließ sich nicht aus der Ruhe bringen. Der Nachbar fuhr fort: „Wir sollen nur noch die römischen Götter anbeten.“ Da hellte sich das Gesicht des Rabbiners auf: „Jetzt weiß ich, was das >Z< und das >g< bedeuten: sie bilden zusammen das Wort >Zeuge<.[21] Wir sollen Zeugen sein, dass Gott einzig ist, dass er unser Gott ist und dass uns die Tora weiterhin wichtig ist.“ Mit diesen Worten beugte er sich wieder über die Tora-Rolle. Der Hinweis des Nachbarn war für ihn erledigt.

Eine Weile später besuchte Rabbi Chanina den schwer kranken Rabbi Jose. Rabbi Jose war ein Freund der Römer geworden. Er sagte: „Offenbar hat Gott die Römer stärker gemacht. Wenn das so ist, solltest du dem Willen der Römer folgen und nicht mehr in der Tora lesen!“ Rabbi Chanina sagte: „Ich lese weiter, Gott wird Erbarmen mit mir haben.“ Rabbi Jose schüttelte den Kopf: „Pass bloß auf“, sagte er. „Es würde mich nicht überraschen, wenn die Römer dich mit deiner Torarolle ins Feuer werfen.“

Rabbi Jose starb eine Weile später. Auch Römer kamen zu der Beerdigung. Auf dem Rückweg von der Trauerfeier hörte ein Gruppe Römer etwas aus Rabbi Chaninas Haus. Sie gingen näher und sahen, dass Chanina entgegen allen Verboten vor einer ganzen Gemeinde die Tora las. Sofort waren sie bei ihm und zerrten ihn weg. Ein Scheiterhaufen wurde errichtet, und die ganze Tora-Rolle wurde um Chanina gewickelt. Dann zündeten sie den Scheiterhaufen an. Rabbi Chanina wusste, dass er sterben würde, aber er blieb ruhig.[22] Plötzlich sah er auf. Ein Schüler fragte: „Was siehst du?“ Rabbi Chanina antwortete: „Die Buchstaben der Tora verbrennen gar nicht, die Buchstaben fliegen nach oben. Die Rolle verbrennt, die Buchstaben der Weisungen bleiben – die Buchstaben bleiben!“

21 Hebräisch 'Ed.

22 Ergänzung nach der Originalgeschichte möglich: Der Henker war so beeindruckt von dem Rabbi und seinem Glauben, dass er fragte: „Wenn ich dir helfe, dass du schneller stirbst, kannst du mir bitte helfen, dass ich als Henker in Gottes kommende Welt gelange?“ Der Rabbi lächelte ihn an und sagte: „Ja“. Da vergrößerte der Henker das Feuer und als der Rabbi schnell starb, warf sich der Henker zu ihm in die Flammen. In diesem Moment erklang eine Art Stimme aus dem Himmel, die rief: „Rabbi Chanina, Tradjons Sohn, und der Henker sind zum Leben in Gottes kommender Welt bestimmt.“

Dann starb er. In diesem Moment hörten alle eine Stimme von oben, die sagte: „Rabbi Chanina ist gerettet." Die Menschen sahen sich um, aber nichts war zu sehen.

Die Freunde und Schüler des Rabbiners überlegten, was das alles zu bedeuten hatte, als sie nach Hause gingen. Am Ende waren sie bedrückt über den Tod und zugleich auch froh: Sie wussten, dass Rabbi Chanina nun bei Gott war und sie wussten auch, dass die Weisungen Gottes mit jedem einzelnen Buchstaben nicht vernichtet werden können. Selbst wenn eine Torarolle verbrannt wird, die Weisung Gottes bleibt Buchstabe für Buchstabe. Dafür war Chanina ihr Zeuge geworden.

Seit dieser Zeit wird das „Z" und das „G" im „Höre zu Israel", immer groß geschrieben. Sie erinnern Jüdinnen und Juden daran, bis in den Tod Zeugen für ihren Glauben zu sein.[23]

Spielen Sie den Anfang des Stückes Hörprobe 1.

Vielleicht hat euch etwas verwundert oder beeindruckt? ... Wenn ihr an der Stelle von Rabbi Chanina gewesen wäret, dann ...

Die Schülerinnen und Schüler können nach der Erarbeitung der Geschichte kurz diskutieren, was es heißt, mit seinem Leben für etwas einzustehen, für etwas Zeuge zu sein. Was wäre das für dich ...?

Provokativ lässt sich fragen: Wäre es nicht doch besser gewesen, wie Rabbi Jose zu entscheiden?

Hinweise zum Vorgehen, Alternativen und was sich vertiefen lässt

Die Schülerinnen und Schüler können eine Szene aus der Geschichte von Rabbi Chanina auswählen und ein Bild dazu malen.

Ergebnisse der Internetrecherche zum Judentum (Aufgabe in der dritten Stunde, S. 16) können gesammelt und auf der blauen Leiste präsentiert werden.

23 Im Hebräischen sind es die Buchstaben Ajin und Dalet, sie bilden das Wort 'Ed, das heißt „Zeuge".

Beobachten	Lesen	Fragen und Hören	Selbst etwas machen
  Torarolle, Bima, Jad, Toramantel, Tallit, Kippa	ואהי Ergebnisse Internetrecherche		
 	ABCDEFG		

Zusatzmaterial A: Psalmen

Wer sich stärker auch auf Texte konzentrieren will, kann hier das Zusatzmaterial zu Hilfe nehmen.

Die Psalmen (Arbeitsblatt **JM-14**) gehören nicht zur Tora und sind in der Regel auch nicht in einer Hand geschriebenen Rolle in der Synagoge zu finden. An dieser Stelle bieten sie dennoch eine gute Gelegenheit, sich mit dem alten jüdisch-israelitischen Gedichteschema zu beschäftigen und selbst Gedichte in dieser Form zu schreiben. Ausgewählt wurde ein Psalm (beziehungsweise Ausschnitte), der wichtige Elemente wie das Erinnern, das Studium von Gottes Wort, Klage, Bitte und Zusage enthält.

Neben diesen Elementen soll aber vor allem deutlich werden, dass die Dichtung vieler Psalmen ein eigenes Gedicht-Schema hat: Jeder Satz wird mit anderen Worten einmal oder sogar zweimal wiederholt. Es ist eine kleiner Aha-Effekt zu erkennen, dass auf diese Weise ganz eigene Gedichte entstehen.

Die Schülerinnen und Schüler können das selbst in kleinen Gedichten ausprobieren. Sie überlegen sich zunächst ein Thema für ihr Gedicht und machen dann kurze Aussagen, die sie mit anderen Worten wiederholen.

Beispiel

Ich liege und sehe nach oben.
Am Boden bin ich ausgestreckt – mein Blick geht empor.

Die Baumkrone über mir: voller Laub.
Diese Eiche hat Tausende Blätter.

So gern höre ich ihr Rauschen im Wind.
Ich mag es, dem Wehen im Baume zu lauschen.

Gott, sei gelobt für diesen Baum.
Ich danke DIR, dass ich dies Grün genieße.

5 Durch Gespräche sich jüdischem Glauben annähern

Als dritter Schritt nach dem Beobachten und Lesen war von den Schülerinnen und Schülern geplant worden, ein Interview oder Gespräch mit einem Mitglied der jüdischen Gemeinde (Rabbiner oder Kantor) zu führen. Wenn eine Projektgruppe schon Interviews durchgeführt hat (vgl. die Verteilung von „Forschungsaufgaben" in der dritten Stunde, Seite 16), ist dies der Zeitpunkt, es allen vorzuführen. Ansonsten werden direkte Gespräche auch beim Besuch in der Synagoge stattfinden.

Das kurze Interview von Ben mit Rabbiner Lengyel haben wir hier als Beispiel aufgenommen und gedruckt (unter **Audiovisuelle Medien: 1 „Forschungsinterview"** und **JM-16**).

War der bisherige Zugang eher visuell und kognitiv, wird durch das Hören des Sch^{e}má und des Interviews von Ben und dem Rabbiner eine neue emotionale Dimension angesprochen. Bei der Nachbesprechung des Interviews sollten evtl. „emotionale Zwischentöne" angesprochen werden, die durch genaues Hinhören deutlich wurden.

Die Zusatztexte von Buber vertiefen den Aspekt der Lebenshaltung des „Lernens" als grundlegende Haltung vieler Juden.

Was Sache ist

Lesen und Lernen ist eine grundlegende Lebenseinstellung im jüdischen Glauben. Es wird in einem Midrasch berichtet, dass J^{e}huda, der Patriarch, zwei Rabbiner in die Orte Israels sandte. In jedem Dorf fragten sie nach den „Wächtern des Ortes". Wenn die Bewohner nun mit dem Wachmann und seinem Helfer kamen, erklärten die beiden Rabbiner voll Entrüstung, dass die wahren Wächter eines jeden Dorfes die Lehrer sind. Sie wachen auf ihre Weise Tag und Nacht.[24]

Lernen und Lesen wird von vielen Jüdinnen und Juden als innere Verpflichtung verstanden, durch die der Mensch immer wieder zu Gott zurückgeführt wird. Dabei schließt das Lernen eine innere Bewegtheit genauso ein wie praktische Konsequenzen. Beten, Lernen, Handeln und Helfen sind nicht zu trennen.[25]

Der Ausdruck Rabbiner stammt von dem hebräischen Wort „rab" oder „raw". Es heißt „groß" und kann im Rahmen dieses Wortfeldes dann auch „angesehen" meinen. Ursprünglich eine Ehrenbezeichnung der Schüler für ihren persönlichen Toralehrer, entwickelte es sich zu einer allgemeinen Bezeichnung für Gelehrte der Tora; es kann dann mit dem Wort

24 G. Stemberger, a. a. O., S. 47.

25 Aufgearbeitete Quellentexte zum Lernen auch in A. Lohrbächer, (1994, Hrsg.), Was Christen vom Judentum lernen können. Modelle und Materialien für den Unterricht, Freiburg, S. 12 ff.

„Meister" wiedergegeben werden, das sich ja auch von dem lateinischen Wort für „groß" ableitet. Der Rabbiner war ein Mann, der durch seine Beschäftigung mit den Schriften und durch die Unterweisung eines anderen Rabbiners Fragen des Religionsgesetzes klären konnte. In der Regel hatte er einen anderen „bürgerlichen" z.B. handwerklichen Beruf. *Rabbiner* Maimonides erklärte in einem Sinnbild, dass die Tora kein „Spaten" sei, um damit zu graben. Er meinte damit, um Geld zu verdienen. Er vertrat stringent den „ehrenamtlichen" Rabbiner, der von seiner Hände Arbeit lebt und sich die Rechtsauslegung nicht bezahlen ließ.

Die Funktion des Gemeinderabbiners entstand erst im Mittelalter. Dieser erfüllte die Aufgabe des Rabbiners in einer Gemeinde gegen eine Aufwandsentschädigung und ging sonst einer anderen Tätigkeit nach.[26] Das änderte sich erst in den letzten Jahrhunderten. Der Rabbiner wurde nun auch zu einem Hauptberuf.

Zuständig war und ist der Rabbiner damals wie heute für alle Fragen des jüdischen Rechts. Er kann dabei Berater in Fragen der Lebensführung oder Schiedsrichter bei Streitfällen sein. Die Leitung eines Gottesdienstes ist von seinem Beruf her **nicht** seine Aufgabe. In kleinen Gemeinden kann es jedoch üblich sein, dass der Rabbiner durch seinen Wissensvorsprung auch für den Gottesdienst zuständig ist. Ein besonderer Status qualifiziert ihn dazu aber nicht. Im Prinzip kann jeder Jude diese Aufgabe ausfüllen. Jedes Gemeindemitglied, das aus der Tora vorsingen kann, darf das auch tun, ebenso kann jeder vorbeten oder die heilige Schrift erklären.

Wenn es im Gottesdienst eine Auslegung geben soll (was nicht immer der Fall ist), ist der Rabbiner als Experte für die Tora der bevorzugte Erklärer des Lesungsabschnittes. Auch das kann aber prinzipiell jeder andere ebenso tun.

In der Berufspraxis ähneln heute viele Tätigkeiten denen von evangelischen Geistlichen mit Predigt, Unterricht, Ritual für Neugeborene (im Rahmen der Beschneidung), Vorbereitung der Bar/Bat Mitzwa für Jugendliche mit 12 oder 13 Jahren (vergleichbar mit Konfirmation oder Firmung), Trauungen, Beerdigungen, Gesprächen (diese Breite wird im Interview von Ben mit Gabor Lengyel so deutlich nicht erwähnt, das alte Lernen und Lehren tritt in den Vordergrund). Seit einigen Jahren gibt es in liberalen Gemeinden auch Rabbinerinnen.

Kantor (Chasan). Der Kantor ist für die Gestaltung des Gottesdienstes zuständig. Er hat gelernt, wie man die Tora in der angemessenen Weise in einem rezitativen Gesang vorsingt. Besonders sind aber die gesungenen Gebete das Feld des Chasans: „Beten durch Singen, das ist die Funktion der Chasanut, der Chasan versucht in Gebetsgesängen auszudrücken, was andächtige Gläubige fühlen. Sie fühlen die Gegenwart Gottes. Denn nach der jüdischen Überlieferung wird durch das Gebet Gottes Gegenwart erwirkt." (Paffenholz 1995, S. 78)

26 G. Stemberger, a.a.O., S. 75.

Bar Mitzwa heißt „Sohn der Pflicht/des Bundes". Es bedeutet einerseits ein Mitglied der Gemeinde zu sein mit allen Rechten und Pflichten und andererseits das Fest, das ihn dazu macht. Bis zum 13. Lebensjahr lernt ein Junge hebräisch zu lesen sowie die Grundzüge der Tora und Mischna. Am Schabbát nach seinem 13. Geburtstag wird er das erste Mal öffentlich im Gottesdienst zur Lesung aufgerufen. Er liest den Wochenabschnitt und hält noch in der Synagoge oder zum Teil im Familienkreis eine kleine Auslegung (D^{e}rascha). In orthodoxen Kreisen wird er von nun an, am Wochentag, beim Morgengebet die T^{e}fillin (Gebetsriemen) an Stirn und Armen anbringen (in Deutschland sind diese jedoch kaum verbreitet). In einzelnen Gemeinden, wie bei Ben, regnet es nach der Lesung Bonbons (was die unverkrampfte Stimmung allgemein in jüdischen Gottesdiensten deutlich macht). Der Bar Mitzwa kann nun jeden Teil des Gottesdienstes übernehmen. In Bens Gemeinde ist es üblich nachher symbolisch die Torarolle von der Großelterngeneration über die Elterngeneration dem neuen Bar Mitzwa weiterzureichen.

Für Mädchen findet die Zeremonie der Bat Mitzwa (Tochter der Pflicht/des Bundes) schon mit 12 Jahren statt. Bei orthodoxen Gemeinden halten Mädchen keine Lesung.

Was wir brauchen

Vorschläge für Interviewfragen an einen örtlichen Rabbiner oder Kantor finden sich in **JM-15**. Das Interview, das Ben führte, findet sich unter **Audiovisuelle Medien 1 „Forschungsinterview"** mit Gabor Lengyel, der Text etwas bereinigt auf **JM-16**.

Die **Bildserie zur Bar Mitzwa-Feier**; das Materialblatt dazu ist JM-17.

Als Zusatzmaterial haben wir noch ein Interview mit Ben (JM-18), sowie ein Blatt mit chassidischen Geschichten zum Lernen von Martin Buber (JM-19) vorbereitet.

Wie viel Zeit wir benötigen

Zwei Unterrichtsstunden dürften vor dem Synagogenbesuch ausreichend sein, evtl. eine dritte Stunde zur Bearbeitung des Zusatzmaterials.

Eigene Interviews

Wie wir vorgehen

Als Alternative oder Ergänzung zu den Schülerinterviews gehen wir hier von dem „fertigen“ Interview Bens aus, das als 8-Minuten-Film auf der DVD vorliegt. Es ist kein professioneller Dokumentarfilm, sondern eine „Quelle“, ein Dokument für die Forschung der Schülerinnen und Schüler, das mithilfe von Studierenden und Ben erstellt wurde. Das Interview mit dem angehenden Rabbiner Gabor Lengyel lässt die Situation jüdischer Gemeinden in Deutschland, aber auch die Aufgaben und Haltung des Rabbiners deutlich werden. Unter den religiösen Dimensionen (Lehre, Rituale, Lebensweise, Gemeinschaft) tritt hier die der Gemeinschaft besonders hervor.

Der kleine Film kann konkret als Forschungsmittel eingeführt werden.

Ein Interview mit Rabbi Gabor Lengyel

Gabor Lengyel wurde 1941 in Budapest, der Hauptstadt von Ungarn, geboren. 1956 floh er vor den Kommunisten nach Israel. Nach neun Jahren kam er zum Studium nach Deutschland und war hier bis zum Ruhestand Diplom-Ingenieur und IT-Manager. Danach hat er sich entschlossen, für seine jüdische Gemeinde Rabbiner zu werden. Schon jetzt übernimmt er rabbinische Aufgaben in Bens Gemeinde.[27]

Gabor Lengyel erzählt: Ich mache eine Ausbildung zum Rabbiner, weil mein Judentum mich seit 66 Jahren begleitet. Und obwohl ich in der Industrie tätig war, [habe ich] bereits seit 1978 in Deutschland den Vorsitz einer jüdischen Gemeinde übernommen ... Das bedeutete viel [ehrenamtliches] Engagement für das Judentum. [Das will ich mit meiner Arbeit als Rabbiner fortsetzen.]

27 Im folgenden Text werden kleine sprachliche Änderungen kenntlich gemacht. Auf dem Arbeitsblatt wurde zur Erhaltung der Lesbarkeit darauf verzichtet.

Ben fragt: Was macht ein Rabbiner in der Gemeinde?
Ursprünglich [hatte] ein Rabbiner ... nur eine Aufgabe: immer zu lernen, lernen ... und [zu] lehren. ... vor Hunderten von Jahren. Heutzutage ist das anders. Gerade wenn wir unsere Gemeinde hier betrachten. Wir sind hier Gemeindemitglieder aus vierzehn, fünfzehn unterschiedlichen Ländern, überwiegend aus der ehemaligen Sowjetunion.

Das heißt, der Rabbiner hat hier mehrere Aufgaben: dass die Gemeinde langsam mehr und mehr ... vom Judentum [erfährt]. Selbstverständlich steht ein Rabbiner ... [auch] für Seelsorge [zur Verfügung]: [Das heißt] Leute kommen zu mir und fragen mich, wenn sie Probleme haben.

Ben: Wie lange brauchen Sie, um einen Gottesdienst vorzubereiten?
Also, ich brauche ... keine Sekunde mehr, [um einen Gottesdienst vorzubereiten], weil ich das ...seit meiner Kindheit [beherrsche]. ... Einen Gottesdienst ... bereiten wir im Sinne des Lernens [vor und zwar] im Team. Wir haben ein ... Helferteam. ... Das habe ich vor mehreren Jahren schon zusammengerufen, damit die Gemeindemitglieder auch Gemeindegottesdienste ... organisieren können. Und das ... [braucht] Zeit, weil ich ... mich [dazu mit dem Team immer wieder] treffe.

Ben: Was machen Sie am liebsten?
Am liebsten lerne ich. Nachdem ich meine ... Karriere beendet habe, habe ich gesagt, jetzt muss ich studieren. Deshalb [ist das], was ich am liebsten mache: studieren und lernen. Und das ist in der Tat [das], was ein Rabbiner früher immer gemacht hat. [Ein Rabbiner hat] immer ... unsere Quellen studiert und das macht [auch] mir viel, viel Freude.

Ben: Gibt es ein besonderes Erlebnis in Ihrem Beruf, von dem Sie uns erzählen können?
Es gibt viele ... Erlebnisse. Ein Erlebnis, was ich immer gern erzähle, [geschah,] als ich Vorsitzender der jüdischen Gemeinde in Braunschweig war. Ich bekam [damals] einen Anruf vom Büro des Oberbürgermeisters ..., dass ein Jude – eigentlich so ein ganz, ganz armer Jude, ein Stadtstreicher – ... [im Sterben lag]. Und er sucht[e] einen Rabbiner. ... Da rief mich der Oberbürgermeister [an] und sagte zu mir: „Gabor, du solltest kommen.“ Und dann habe ich gesagt: „Ja, ich komme anstelle eines Rabbiners.“ Und dann war ich am Sterbebett bei diesem armen Juden. Ich saß am Bett und der Oberbürgermeister saß drei, vier Meter neben mir. Und dieser alte Mensch starb, ...

[nachdem] er „Schalom“, Friede ... gesagt hatte. Das charakterisierte sein Leben. Sonst war er ein armer, ganz armer Mensch, der niemals in die Gemeinde gekommen ist. Er hatte seinen Glauben verloren. Seine ganze Familie wurde in Auschwitz ermordet. [Aber sein letztes Wort war] Friede, Schalom! Das ist ein Erlebnis, das ich nie in meinem Leben vergessen werde.

Ben: Wir sind hier im Synagogenraum. Was ist eine Synagoge?
Synagoge ist kein hebräischer Begriff. Wir sagen dazu „Bet haKnesset“. ... [Das ist] ein Versammlungsraum, ... in dem die Gemeinde sich trifft, ... um zu beten, aber auch um zu lernen. ...

Ben: Was bedeutet für Sie die Tora?
[Das ist] die Basis unserer Religion. Das ist unser Schatz.

Ben: Was ist Ihr Lieblingswort in der Tora?
Eins ist wichtig, ... in der Tora „Sch^{e}ma Jisrael, Adonai elohenu ...“. ... Ich glaube, [dass] viele unserer Märtyrer, die zu Tode gequält wurden, haben häufig, ... kurz bevor sie starben, ... gesagt [haben]: „Sch^{e}ma Jisrael, Adonai elohenu, Adonai ächad.“ Dieser Satz prägt einen Juden.

Ben: Haben Sie Vorurteile oder Diskriminierung erlebt?
... Wenn man ein öffentliches Amt wahrnimmt, dann erlebt man weniger Vorurteile, weniger Diskriminierung, aber [etwas ähnliches]. ... [Ich] habe schon auf Anrufbeantwortern [der Gemeinde] einiges abgehört [und] einiges ... erfahren ... Ich persönlich habe ... absolut keine Diskriminierung erlebt, [auch nicht] in meinem Berufsleben, auch in der Industrie [nicht]. Jeder wusste, dass Freitagabend ... für mich kadosch, heilig [ist] ...

Ben: Welche drei Dinge sind Ihnen in Ihrem Glauben die wichtigsten?
[Für mich ist] sicherlich ... dieser Gedanke des „Sch^{e}ma Jisrael Adonai elohenu, Adonai ächad“ [wichtig]. ... [Für mich ist] sicherlich ... [auch] wichtig, dass man im Judentum ... nicht so sehr viel über „Glauben“ diskutiert, sondern ...: „Tue was, tue was!“ – Hilfe für andere!

Im Nachgespräch mit den Schülerinnen und Schülern bieten sich folgende Aspekte zur Diskussion an:

1. Wichtiges aus Sicht der Schülerinnen und Schüler
2. Der Stellenwert des Sch^{e}más; evtl. eigene Worte für diesen Stellenwert finden

3. Das Lernen als grundlegende Haltung der Juden. Ein fünfundsechzigjähriger Mann will weiter „lernen" ...
4. Die Geschichte von dem sterbenden Stadtstreicher, dessen Familie im Holocaust umgekommen ist und der als letztes „Schalom" sagt (und damit die Zugehörigkeit zum Judentum und vielleicht auch seinen letzten Frieden mit den Menschen und mit Gott zum Ausdruck bringt). Damit wird auch etwas von der Tragik der Überlebenden deutlich, die Familie, Nachbarn, Freunde und damit alle ihre Verbindungen verloren haben. Viele sind wurzellos geworden. Im Interview bleibt letztlich offen, warum diese Geschichte für Gabor Lengyel so sehr wichtig war, aber die Schülerinnen und Schüler können versuchen zu interpretieren.
5. Die Ambivalenz gegenüber Diskriminierungen (in offizieller Funktion erlebt er sie auf Anrufbeantwortern, in privater erlebt er keine). Als Hinweis für die Lehrkräfte: Während der Frage zupft er sich einen lästigen Fussel von der Hose. Vielleicht ein Indiz für die empfundene „Lästigkeit", aber möglicherweise auch dafür, dass etwas davon „haften" bleiben kann.
6. Bleibende Fremdheit kann thematisiert werden: Was könnt ihr nachvollziehen, was bleibt weiter fremd?
7. Der Stellenwert des Lernens kann ausführlicher diskutiert werden. Ist Lernen Last, Freude, Überlebensnotwendigkeit?

Interview mit Ben und seine Bar Mitzwa

Zum Einstieg ist die **Bildserie** auf der DVD vorgesehen. Sie beginnt mit drei Textbildern.

[Einstieg 1] Titel

[Einstieg 2] Ben erzählt:
Ich bin in Ecuador geboren.
Mein Vater stammt aus Israel, meine Mutter aus Deutschland.
Als ich zwei Jahre alt war, sind wir nach Deutschland gezogen.
Zu Hause habe ich nicht so viel vom Judentum erlebt, aber ich[28] war jede Woche zweimal bei der jüdischen Freundin meiner Mutter und deren Kindern.

28 Der Satz „Zu Hause ..., aber ich" ist kein originaler Interviewtext, aber hier für den Zusammenhang ergänzt.

[Einstieg 3] Ich war oft freitags da und habe mitbekommen, wie die Kerzen zum Schabbát, unserem Ruhetag, angezündet wurden.
Ich habe mich immer mehr daran gewöhnt.
Mit 12 Jahren habe ich angefangen, nach jüdischen Vorschriften zu essen.
Ich habe beschlossen, wie andere Juden mit 13 Jahren, meine Bar Mitzwa zu machen:

Der folgende Text ist dann vorzulesen:

[Bild 1] Ben erzählt: Am Samstag, am Schabbát nach meinem 13. Geburtstag, war es so weit. Ich wurde mitten im Gottesdienst aufgerufen. Ein gutes Jahr hatte ich mich vorbereitet. Der Bar-Mitzwa-Unterricht war manchmal hart. Man musste sehr viel lernen: die ganzen Zeichen, hebräisch lesen. Das Sch^{e}má Jisrael hebräisch lernen ... Aber wenn man es hinter sich hat, denkt man: Das war ja gar nicht so schlimm. Vor der ganzen Gemeinde ging ich nach vorn. Erst habe ich einen Segensspruch gesprochen und dann angefangen, aus der hebräischen Tora für alle Gottesdienstbesucher vorzulesen.

[Bild 2] So erfuhren alle, dass ich religionsmündig bin. Ich gehöre seitdem wie jeder Erwachsene dazu. Für unseren Gottesdienst werden mindestens 10 Erwachsene gebraucht, bei dieser Zahl zähle ich nun mit.[29]

[Bild 3] Als ich fertig war, freute sich die ganze Gemeinde mit mir und plötzlich flogen Bonbons durch die Luft: Es gab einen Bonbonregen für mich mitten im Gottesdienst. [30]

[Bild 4] Damit alle hören konnten, wie ich unseren Glauben und die gelesenen Bibelstelle verstehe, habe ich danach auf Deutsch eine kleine Auslegung der Stelle aus der Tora gelesen, die ich selbst geschrieben habe. Ich habe der ganzen Gemeinde erzählt, was ich an dieser Bibelstelle für wichtig halte.

[Bild 5] Schließlich hat meine Großmutter die Torarolle an meinen Vater weitergegeben

29 In konservativen und orthodoxen Gemeinden müssen es zehn Männer sein. Diese Mindestzahl heißt Minjan.

30 Damit wird symbolisch auch die Süße der Tora zum Ausdruck gebracht.

[Bild 6] und dann übergab mein Vater die Rolle mir. Auch wenn die Rolle uns gar nicht gehörte, war das ein Zeichen, dass die Lehre der Tora bei uns von einer Generation zur nächsten weitergegeben wird.

[Bild 7] Auch beim Abschlussgebet im Gottesdienst durfte ich noch einen Teil mitsprechen.

Ich bin nun ein Bar Mitzwa, das heißt ein Sohn der Pflicht. Ich bin verpflichtet, mich an die Regeln, die in der Tora stehen, zu halten. Das heißt zum Beispiel: Ich werde beim Essen bestimmte Vorschriften einhalten. Ich esse kein Schweinefleisch und nur Fleisch, das auf eine bestimmte Weise geschlachtet wurde. Es ist dann koscher, das bedeutet religiös „rein“ oder besser „brauchbar“. Zu den Regeln gehört auch, dass ich am Schabbát nicht arbeite. Ich lebe nun mit allen Vorschriften nach dem Bund Gottes mit dem Volk Israel.
Gibt es bei euch auch so etwas wie bei mir die Bar Mitzwa?

Eine Unterhaltung kann sich anschließen zur Aufnahme von Kindern und Jugendlichen als Vollmitglied in Gemeinden. Vielleicht gibt es schon Schülerinnen und Schüler mit Geschwistern im Konfirmandenunterricht? Vielleicht sind einige schon bei einer Kommunion gewesen? Eigene Erfahrungen können hier Bens Erfahrungen gegenübergestellt werden.

Zur Wiederholung der Bilderfolge steht der Arbeitsbogen JM-17 mit allen Bildern der Serie zur Verfügung.

Es kann aber auch sinnvoll sein, nun bereits auf den anstehenden Synagogenbesuch vorzubereiten. Eine Synagoge in der Stadt oder in der Umgebung muss z.B. ausfindig gemacht werden.

Eine leere Postkarte stimmt schon auf die Rolle des Gastes bei diesem Besuch ein:

Ich habe eine leere Karte mitgebracht. Wir können sie nach unserem Besuch als Dank überreichen. Aber sie muss noch gefüllt werden ...

Hinweise zum Vorgehen, Alternativen und was sich vertiefen lässt

Nach dem Interview können erste Gegenstände aus der Synagoge mit dem Arbeitsblatt JM-21 behandelt werden.

Als Beispiele für das Aussehen eines Synagogenraums steht das Bild **J Bild 33**, als Beispiele für Mahnmale das Bild **JBild 29** zur Verfügung (unter „Bildserien" auf der DVD).

Falls Fragen zum Schabbát oder zum koscheren Essen weiterverfolgt werden sollen, stehen die Arbeitsblätter **JM-22** und **JM-27** zur Verfügung.

Wer will, kann hier das schriftliche Interview über Ben anfügen (**JM-18**).

Zur Bar Mitzwa findet sich ein schöner autobiographischer Bericht von M. Fürst in Lohrbächer (1994), a.a.O. S. 40, links ab Zeile 10: „Ich hatte viel zu lernen ..."

Fotos von einer Kommunion oder aus einem Abschlussgottesdienst bei einem früheren Konfirmandenunterricht (**KU-3/KU-4**) können auf die violette Leiste geklebt werden. Ein Bild aus der Bar-Mitzwa-Serie kann auf die blaue Leiste gehängt werden.

Beobachten	Lesen	Fragen und Hören	Selbst etwas machen
  Torarolle, Bima, Jad, Toramantel, Tallit, Kippa	ואהי Ergebnisse Internetrecherche	 Eigene Interviews mit Juden Bens Bar Mitzwa	
	ABCDEFG	Kommunionsbild / KU3, KU4 Bild	

Das Thema „Dankeschön-Karte" kann ausführlicher behandelt werden; z.B. mit der Fragestellung: Wie wollen wir als christliche Gruppe Juden Danke sagen?

Auf einer Stadtkarte kann der Ort der Synagoge gesucht werden. Gab es eine ehemalige Synagoge? Wo stand die? Lässt sich das (neue) Umfeld baulich oder sozial schon anhand der Karte beschreiben?

Am Ende der Stunde vor dem Synagogenbesuch sind einige vorbereitenden Hinweise und Vorüberlegungen sinnvoll:
In einer Synagoge begrüßen sich viele Menschen mit „Schalom".
Auch nichtjüdische Jungen setzen eine Kippa auf oder bringen eine eigene Kopfbedeckung mit. Welche eigene Kopfbedeckung wäre angemessen?
Wenn die Torarolle herausgeholt wird, sollte das kostbare Pergament nicht angefasst werden.
Schließlich können Fragen für das Gespräch in der Synagoge gesammelt werden.
Es sollte auch überlegt werden, wie sich wohl die Gastgeber in der Synagoge fühlen, wenn wir als „Forscher" zu ihnen kommen?

Zusatzmaterial B: Chassidische Geschichten nach Martin Buber

Aufgrund des erhöhten Niveaus sind die kleinen Erzählungen Bubers (Arbeitsblatt **JM-19**) eher für den achten Jahrgang geeignet.

Lernen und Lesen ist eine der wichtigsten Beschäftigungen im jüdischen Glauben. Um diese beiden einfachen Vorgänge geht es in den chassidischen Geschichten.

Die kleinen Geschichtchen zur Tora, die Buber gesammelt hat, sind auf einer einfachen Ebene recht leicht verständlich. Sie haben aber jeweils noch eine tiefere Ebene, die sich den Schülerinnen und Schülern erschließen kann. Eine Abwägung der Leistungsstärke der Klasse ist hier sinnvoll.

Neben den angefügten Fragestellungen bieten alle drei Texte auch Impulse für Diskussionen über Lernen und Lesen.

Text A: Die Lehrer. Menachem Mendel war ein Rabbi. Er war berühmt geworden und es gab viele Menschen, die ihn bewunderten, und andere, die ihn beneideten. Einmal kam er zurück in sein Heimatstädtchen. Dort besuchte er bald den Lehrer, durch den er das Alphabet gelernt hatte. Mit ihm hatte er seine ersten Sätze in den fünf Büchern Moses gelesen. Aber den Lehrer aus der höheren Schule besuchte er nicht. Als er den Lehrer aus dieser Schule traf, fragte ihn dieser: „Ist es dir so peinlich, dass du mich zum Lehrer hattest? Hast du mich deshalb nicht besucht?" Rabbi Mendel antwortete: „Sie haben mich gelehrt, wie man über unterschiedliche Ansichten disku-

tieren kann. Der Grundschullehrer aber hat mich eine wahre Lehre gelehrt, über die man nicht diskutieren kann. Seine Lehre steht bei mir ganz fest. Deshalb habe ich ihm mit meinem Besuch meine besondere Verehrung ausgedrückt."
(nach M. Buber, S. 774[31])

Was genau meint Menachem Mendel mit der „wahren Lehre" in der Grundschule?

Zu Text A: Die „wahre Lehre" kann zwei Ebenen enthalten: einmal die Wahrheit dessen, dass man an der „Wahrheit" des ABC nicht vorbeikommt, wenn man überhaupt lesen will – auf einer tieferen Ebene kann auch das einfache kindlich naive Lesen der ersten Bücher angesprochen sein, in diesem Fall der Bücher Moses. Der Grundschullehrer hat damit gelehrt, einfach naiv, eine Geschichte zu lesen. In wissenschaftlichen Worten ist es ein Hinweis auf den naiven Glauben, der für den Rabbi nach langem Studium wieder Bedeutung gewinnt oder noch Bedeutung hat.

Text B: Es lehrt. Rabbi Mendel fragte einen Jugendlichen, der sich sehr sicher war, gut zu lernen: „Kannst du lernen?" – „Ja!", kam die Antwort. Der Rabbi fuhr fort: „Weißt du, was die Bedeutung des Wortes Tora ist?" – Da schwieg der Jugendliche und der Rabbi antwortete selbst: „Das Wort Tora kann heißen: ‚Es lehrt' – Aber du glaubst, dass du selbst lernen könntest – also hat es dich wohl noch nichts gelehrt."
(nach M. Buber, S. 795)

„Es lehrt" ist eine ungewöhnliche Formulierung ...?

Zu Text B: Das Lernen wird nicht nur als aktives Tun, sondern auch als passives Erleben beschrieben. „Es lehrt". Dies kann Anlass geben zu einem philosophierenden Gespräch über Lernen. Ist Lernen ein aktiver oder auch ein passiver Vorgang? „Mir erschließt sich eine neue Welt!"

31 M. Buber ([11]1990), Die Erzählungen der Chassidim (Manesse Bibliothek der Weltliteratur), Zürich; erste Aufl. 1949. Diese und die folgenden Seitenzahlen beziehen sich auf diese Ausgabe.

Text C: Fetzen des Lernens. Dreißig Jahre lang hatte ein Mann völlig allein in einer abgeschiedenen Gegend aus der Tora gelernt. Schließlich kam er wieder unter die Menschen und hörte von dem berühmten Rabbi Jizchak. Er beschloss, den Rabbi zu besuchen. Während der Fahrt dachte er sich aus, wie sich dieser Rabbi über ihn freuen würde. Ein Mensch, der 30 Jahre gelernt hatte! Da musste der Rabbi begeistert sein.

Als er ankam, sagte Rabbi Jizchak zu ihm: „Weißt du, was Gott sagt?“ Der Mann war ganz verblüfft und konnte darauf nur stotternd antworten. Jedes Mal wenn er wiederkam, fragte Rabbi Jizchak dieselbe Frage und jedes Mal konnte der Mann nur allgemeine Antworten geben.

Schließlich musste der Mann wieder zurück und der Rabbi fragte ihn: „Wozu fährst du zurück, wenn du noch nicht mal weißt, was Gott sagt.“ Da fing der Mann an zu weinen: „Rabbi, dazu bin ich doch extra zu dir gekommen, um es zu erfahren, aber du fragst immer diese eine Frage.“ Der Rabbi sagte: „Gott sagt: Verbirgt sich einer in der Verborgenheit, dann sehe ich ihn nicht. – Dies Wort Gottes bedeutet: Wenn einer sich dreißig Jahre lang versteckt, um die Tora zu studieren, kann es passieren, dass Gott ihn nicht ansehen will. Das sagt Gott.“

Der Mann war völlig am Boden zerstört und konnte gar nichts mehr sagen und denken. Dann seufzte er und sagte: „Rabbi, ich möchte dich etwas fragen.“ „Rede!“ Der Mann fragte: „Was soll man tun, wenn Fetzen von unserer heiligen Schrift, der Tora, auf den Boden fallen?“ „Aufheben! Niemand soll darauf treten, damit sie nicht zu Schanden werden“, entgegnete der Rabbi. Der Mann warf sich auf die Erde. „Rabbi, ein Behälter voll von Fetzen der heiligen Schrift liegt vor dir“, schrie er. „Lass die Fetzen nicht zu Schanden werden!“ Der Rabbi hob ihn mit beiden Händen auf. Dann setzte er sich neben ihn und begann helfende Worte zu reden. Zusammen sprachen sie über die Tora.
(Nach M. Buber, S. 808)

Was meint der Mann mit „Fetzen“?

Zu Text C: Im letzten Text geht es um das Erfassen von Tiefe: Es kommt nicht nur darauf an, Worte um Worte zu studieren, also sozusagen Fetzen der Schrift, auch wenn man das 30 Jahre lang tut, sondern auf das tiefere Verständnis dessen, was Gott will, und das hat immer auch mit Gemeinschaft und Gesprächen zu tun, nicht mit völliger Abgeschiedenheit.

Der Besuch in der Synagoge

Authentische Orte und authentische Menschen erreichen die Schülerinnen und Schüler weit über Hören, Sehen, Fühlen und Miteinander-Sprechen hinaus auf vielfältigen emotionalen und auch unbewussten Kanälen. Durch das Verlassen des Schulgebäudes und Betreten eines neuen Raumes bekommt die Begehung ihren außergewöhnlichen Stellenwert im Rahmen der Schule und wird den Schülerinnen und Schülern zu einem Erfahrungsanker für spätere Begegnungen.

Was Sache ist

Die Synagoge. Das Wort Synagoge ist Griechisch und heißt „Zusammenkommen" oder „Zusammenführung". Es ist eine Übersetzung des hebräischen „Bet haKnésset" (Haus der Zusammenkunft). Neben Opfern und Festen im Jerusalemer Tempel pflegte man schon früh, sich in der Nähe des eigenen Wohnortes gemeinschaftlich-religiös zu versammeln. Während der Tempel durch den Kult der Priester, die Zahlung der Tempelsteuer, Opfer und Wallfahrten bestimmt war, verband sich für Jüdinnen und Juden mit der Synagoge regelmäßiges Lesen und Beten. Nach der Zerstörung des Tempels 70 n.Chr. wurde der Priesterstand bedeutungslos, Opfer, Tempelsteuer und Wallfahrten entfielen. Die regionale Synagoge wurde zur bestimmenden religiösen Stätte einer Gemeinde.[32]

Der Gottesdienst in ihr war und ist ein Gottesdienst für alle: Jeder, der darin geübt war, konnte und kann aus der Heiligen Schrift lesen oder vorbeten. Rabbiner und Kantoren sind keine Geistlichen, sondern Laien mit theologischem oder musikalischem Studium und entsprechender Ausbildung.

Die Synagoge war und ist dabei nicht nur ein gottesdienstlicher Ort, sondern hat eine vielfältige Funktion. Drei davon treten besonders hervor. Die Synagoge ist ein

- Haus des Gebetes (Bet haT^{e}filláh)
- Haus des Lernens (Bet haMidrásch)
- Haus der Versammlung (Bet Am[33] oder Bet haKnésset)

32 Vgl. G. Stemberger, a.a.O., S. 70.

33 A. Paffenholz (1995), Was macht der Rabbi den ganzen Tag? Das Judentum (Weltreligionen), Düsseldorf, S. 159.

Der jiddische Ausdruck für Synagoge war auch „Schul" und deutet damit besonders auf die Funktion als Haus des Lernens.[34]

Wir waren schon oben auf die innenarchitektonische Konzeption eingegangen (S. 25). Die Ausrichtung in älteren Synagogen ist eine Doppelte. Durch das Pult/die Bimá in der Mitte wird das gemeinsame Zentrum der Gemeinde in der Toralesung betont, durch die Bänke oder Stühle die Ausrichtung nach Osten/nach Jerusalem.

Von den Elementen einer Synagoge waren bisher noch nicht genannt worden: *Menora, Davidstern, Flagge Israels.*

Die Menora war gegenüber dem achtarmigen[35] Channukkaleuchter siebenarmig und gehörte zunächst zum Stiftszelt und später zum Tempel. Im Tempel Salomos sollen zehn davon gestanden haben. Im zweiten Tempel nur einer. Der letzte Leuchter wurde von den Römern im Jahr 70 n. Chr. bei der Zerstörung des Tempel geraubt und nach Rom gebracht. Noch heute kann man sein Abbild dort auf dem Triumphbogen des Titus, als Teil der Siegesbeute aus Israel, sehen. Die Menora hat seitdem keine rituelle Bedeutung mehr. Der Staat Israel fügte sie aber in sein Nationalwappen ein.

Der Davidstern (hebr.: „Magen David", das heißt „Schild Davids") ist ein Symbol, das erst im Mittelalter Bedeutung gewonnen hat. Er hatte wohl zunächst eine magische Bedeutung. In Prag findet sich eine alte Darstellung im Zusammenhang mit dem Judentum, spätere in anderen Städten. Im 19. Jahrhundert fand er vermehrt Beachtung, auch als Symbol auf Synagogen, um sie von Kirchen zu unterscheiden. Die Nationalsozialisten zwangen Juden und Menschen mit jüdischen Vorfahren, einen gelben Davidstern auf ihre Kleidung zu nähen, um sie so auszusondern. Als Zeichen des Zionismus und für Israel hat er dann auch in der heutigen Zeit weite Verbreitung gefunden.

Die Flagge Israels ist in manchen Synagogen zu sehen. Dies ist aber ein folkloristisches Element. Die Mehrzahl der Gemeindemitglieder in Deutschland hat keine unmittelbare Verbindung zu diesem Staat.

Wie sollte ich mich in der Synagoge verhalten? Außerhalb von Gottesdiensten gibt es keine festen Verhaltensregeln in einer Synagoge. Es gibt liberale Gemeinden, die im Synagogenraum eine Kippa oder Kopfbedeckung für männliche Besucher erwarten, und konservative Gemeinden, die das nicht tun. Also genau andersherum, als man erwarten würde.

Wichtig ist allen, dass während eines *Gottesdienstes* eine Kopfbedeckung von Männern und Jungen getragen wird. In der Regel sind für Besucher ausreichend Kippot[36] vorhanden.

34 Vgl. A. Lohrbächer (1994) mehrfach S. 26 und S. 29 nach verschiedenen Quellentexten. A. Lohrbächer (1994, Hrsg.), Was Christen vom Judentum lernen können. Modelle und Materialien für den Unterricht, Freiburg.

35 Zum Teil mit einem neunten Arm für eine Kerze, mit der die anderen angezündet werden.

36 Plural von Kippa.

Der Toraschrein sollte von Nichtjuden nicht geöffnet werden und auf keinen Fall sollte die kostbare Torarolle angefasst werden. Ein Gebetsschal, der koscher ist, sollte ebenso nicht berührt werden. T[e]fillin, also Gebetsriemen, werden in einer Synagoge außerhalb von Wochentagsgottesdiensten kaum zu finden sein, (die Mehrzahl der Juden in Deutschland hat auch keine). Auch sie sollte man nicht anfassen.

Schließlich ist darauf hinzuweisen, dass man keine Nahrungsmittel mit in die Synagoge bringen darf. Die Synagoge hat auch immer etwas von der Heiligkeit des Tempels, in dem nicht gespeist wurde. In Lehr- und Bethäusern kann koscher gegessen werden (und in den kleinen Räumen in vielen deutschen Städten gehen Lehrhaus und Synagoge oft ineinander über).

Auch im Lehrhaus und in jeder jüdischen Familie sind nur koschere Speisen erlaubt. Bekannterweise ist alles aus Schweinefleisch nicht koscher, außerdem wird jede Verbindung von Milchigem (Käse, Sahne etc.) und Fleischigem (Wurst, Rind etc.) strikt vermieden. Fleisch muss rituell geschlachtet (geschächtet) worden sein. Meerestiere müssen Schuppen und Kiemen haben.

Jüdische Gemeinde heute in Deutschland. Seit knapp zwei Jahrzehnten wachsen die jüdischen Gemeinden deutlich. Dies liegt vor allem an der jüdischen Auswanderung aus den Staaten der früheren Sowjetunion. Dies bringt es mit sich, dass in vielen Gemeinden 90 Prozent der aktiven Mitglieder Russisch als Muttersprache haben. Zum Teil stehen daher Sprach- und Integrationskurse bei Gemeindeaktivitäten an erster Stelle. Die Aussiedler kennen oft jüdische Glaubenspraxis nur sehr begrenzt, viele müssen erst ihren eigenen Glauben „lernen".

Eine andere Auffälligkeit in Deutschland ist, dass Synagogen im Unterschied zu Stätten anderer Religionen durch besondere Sicherungsanlagen geschützt werden müssen. (In der dritten Stunde dieser Einheit, S. 34, beginnt die Bilderreihe daher auch bewusst mit einer Abbildung der Sicherungsanlage.) In der Regel findet sich eine Kamera vor der Tür. Oft gibt es kein bzw. kein eindeutiges Namensschild an der Klingel. Briefe und Pakete werden von den Mitarbeitern durchleuchtet, bevor sie geöffnet werden.

Die Gemeinden sind in der Regel mit 40 bis 200 Mitgliedern sehr klein. Sie können sich häufig keinen eigenen Kantor oder Rabbiner leisten. Zum Teil unterstützen Förderkreise, in denen nicht nur Jüdinnen und Juden Mitglieder sind, die Arbeit. Einzelne Gemeinden gehören oft zu den sogenannten „Einheitsgemeinden", in denen orthodoxe, konservative und liberale Mitglieder zusammen Gottesdienst feiern. In größeren Städten gibt es manchmal mehrere Gemeinden. Hier ist es beispielsweise möglich, dass sich eine liberale oder eine orthodoxe Gemeinde von der ehemalige „Einheitsgemeinde" trennt. Diese werden dann aber zum Teil nicht vom Zentralrat der Juden vertreten. Auch Ultraorthodoxe kommen inzwischen in Deutschland vor. (Mehr zu den jüdischen Richtungen auf den Seiten von Remid: (http://www.religion-online.info/judentum/themen/richtungen.html)

Was wir brauchen

Die Arbeitsblätter zum Stationenlernen (JM-20 bis JM-26).

Wie viel Zeit wir benötigen

Die Zeit für An- und Abfahrt, zuzüglich 90 Minuten vor Ort, sind ein sinnvolles Zeitbudget.

Wie wir vorgehen

Vor dem Besuch der Synagoge ist es hilfreich, den Stil des Führers oder der Führerin in Erfahrung zu bringen. Nicht alle Repräsentanten können mit jeder Altersgruppe von Jugendlichen umgehen. Wenn die Größe des Raumes (und der Religionsgruppe) es hergibt, kann durch Stationenlernen der Raum erkundet werden. Dies sollten Sie vorher genau absprechen.

Absprechen sollten Sie auch, ob es möglich ist, die Torarolle zu sehen und einen nicht-koscheren Tallit anzufassen.
Vielleicht können Sie schließlich die Führerin oder den Führer bitten, auch die Schülerinnen und Schüler altersgemäße Fragen zu ihrem Leben und ihrer Religion zu stellen?

Relativ „einfache" Fragen sind z. B.: Glaubt ihr auch an Gott? Betet ihr? Wie klingt bei euch ein Gebet? Wir zeigen unseren Respekt gegenüber Gott, indem wir eine Kippa beim Beten und in der Synagoge aufsetzen und indem wir Gottes Namen nie aussprechen. Wie zeigt ihr den Respekt gegenüber Gott? Für uns ist die Tora etwas so Heiliges, dass wir die Rolle besonders kleiden und in einen besonderen Schrank stellen. Habt ihr auch etwas, was euch so heilig ist?

„Schwierige" Fragen sind z. B. (diese Themen könnten eine ganze Unterrichtseinheit füllen): In unserer Tora und im christlichen Alten Testament steht, dass man sich kein Bild von Gott machen soll. Warum hängen bei Christen immer wieder Bilder von Gott (oder wie Christen sagen: von Gott, dem Vater, und von Gott, dem Sohn) in der Kirche? Wir glauben, dass Rabbi Jeschua, Jesus, ein guter Mann war, die Christen unter euch glauben, dass er Gottes Sohn war. Das verstehen wir nicht!

Noch „schwierigere" Fragen wären z. B.: Wir glauben, dass mit dem Meschiach/dem Messias/dem Christus Gottes Friedensreich auf der Erde beginnt. Christen glauben, dass er schon da war und dass Rabbi Jesus der Messias ist. Davon sehen wir nichts. Das Friedensreich hat offensichtlich noch nicht begonnen. Also war der Meschiach noch nicht da ...

Eine Vorab-Station beim Besuch einer Synagoge. Der Besuch beginnt mit deutlichen Markierungen von Grenzen und Grenzüberschreitungen. Diese „Grenzmarker“ beziehen sich auf gesellschaftliche, sprachliche und rituelle Ebenen. Zunächst fällt das Augenmerk auf die Sicherungsanlagen (s. o.). Eine erste „soziale Markierung“ für einen besonderen Raum. Schülerinnen und Schüler können ein Kurzreferat vor der Tür zu der Bedrohung von Synagogen und Juden halten. Das Grußwort „Schalom“ des Führers / der Führerin und die Antwort „Schalom“ der Jugendlichen macht deutlich, dass hier ein anderer Sprachraum betreten wird. Schließlich stimmt das Aufsetzen der Kippot[37] auf das Religiös-Rituelle des Raumes ein.

In der Synagoge. Innerhalb der ersten 45 Minuten können die Jugendlichen die Synagoge mit der Arbeit an Stationen erforschen. Weitere 45 Minuten brauchen Sie für das Gespräch mit Rückfragen sowie für das Zeigen der Torarolle. Die folgenden Stationen sind nicht alle in 45 Minuten zu schaffen, sie können aber einen Eindruck von der Vielzahl der Möglichkeiten geben:[38]

Station I: Den Blick schärfen / das Einordnen „entschleunigen“

	Aktivität der Station	*Material*
A	Gegenstände in der Synagoge mithilfe einer Liste identifizieren und auf einem Plan eintragen	Arbeitsblatt **JM-21** (*Plan der Synagoge auf das letzte Blatt kopieren*)
B	Hebräische Worte am Schrein oder an Bildern / Wandbehängen abschreiben (evtl. mithilfe des Führers / der Führerin übersetzen), mit Kreide auf Pappe den eigenen Namen auf Hebräisch schreiben	Arbeitsblatt **JM-8**, Seite 4 in ausreichender Zahl, Pappstücke, Kreide
C	Falls vorhanden: die Küche wahrnehmen (mit Trennung von Milchigem und Fleischigem); Fragen zu koscherem Essen beantworten	**JM-22**
D	Einen besonderen Gegenstand abmalen	Stifte, Papier

37 Plural von Kippa.
38 Die Überschriften der einzelnen Positionen verdanken sich zum Teil Impulsen eines Arbeitsblattes zur Kirchenpädagogik von M. Hinderer und E. Schury aus dem PTZ Stuttgart. Dort werden folgenden Gruppen unterschieden: entschleunigen / den Blick schärfen; sensibilisieren für das Transzendente / für die konkrete Kirche; deuten, interpretieren; positionieren / erkunden, entdecken. (Unveröffentlicht).

Station II: Sensibilisieren für die Atmosphäre und Ausstrahlung eines Ortes		
	Aktivität der Station	*Material*
E	*Hörbeispiele anhören und dabei den Blick durch den Raum schweifen lassen (unter folgender Internetadresse können Sie zurzeit zusätzlich Lieder zu allen jüdischen Festen in Midifile-Qualität umsonst laden: http://www.greatjewishmusic.com/Midifiles.htm)*	*Hörbeispiele auf der DVD 4–8; CD oder MP3 Spieler mit zwei Kopfhörern*
F	*Sich den eigenen Lieblingsort in dem Raum suchen und ihn beschreiben*	*Papier, Stift*
G	*Sich unter einem (nicht koscheren) Tallit verbergen und dort ein Gebet oder einen Lieblingsspruch sprechen und Erfahrungen aufschreiben*	*Stift, Papier* *Aus der Synagoge: Ein nicht koscherer Tallit*

Station III: Sich informieren und interpretieren		
	Aktivität der Station	*Material*
H	*Einen aktuellen (Zeitungs-)Text zur Gefährdung lesen (z. B. Friedhofsschändung) und notieren, wie Jüdinnen und Juden damit umgehen können*	*Aktuelle Zeitungsnotiz oder JM-20b*
I	*Mazzen und (nach Absprache) Bitterkräuter essen, Geschmackserfahrung aufschreiben, sich über Pessach informieren – dies ist nur in klarer Absprache mit den Verantwortlichen möglich. Da diese Form zum Teil in christlichen Gemeinden falsch verstanden und „nachgefeiert" wurde, bitten manche Verantwortliche in jüdischen Gemeinden, von dieser Form Abstand zu nehmen.*	*Arbeitsblatt JM-24, Mazzen, Petersilie, Meerrettich, bittere Kräuter* *Aus der Synagoge: Pessachteller*
J	*Unter einem Tuch Schabbátleuchter und Schale erfühlen; an einer Besamdose riechen und Informationen dazu lesen; das Flechtmuster einer Hawdalakerze nachflechten*	*Arbeitsblatt JM-27* *Je 6 Schnüre zum Flechten in ausreichender Zahl* *Aus der Synagoge: Besamdose, Schabbátleuchter, Schale, Hawdalakerze*
K	*Sich über Chanukka informieren und einen Chanukkaleuchter basteln*	*Arbeitsblatt JM-25 und JM-26, 30 cm Draht in Klassenmenge, schnell trocknender Kleber*

	Station IV: Probieren und sich positionieren	
	Aktivität der Station	*Material*
L	*In einem besondere Raum mit einem Juden/einer Jüdin sprechen und sich von dem Gesprächspartner/der Gesprächspartnerin selbst befragen lassen*	*Evtl. Fragen wie auf dem Arbeitsblatt JM-15*
M	*Selbst kleine Schriftrollen basteln und etwas darauf schreiben, was einem wichtig ist*	*Arbeitsblatt JM-18, schnell trocknender Klebstoff*

	Station V: Fremdheit vor Augen führen – (keine eigene Station)	
	Aktivität der Station	*Material*
	Grenzmarker können sein: 1.) ein Schild neben dem Toraschrein: „Den Schrein sollten nur Jüdinnen und Juden öffnen"; 2.) ein blaues Tuch an Station III, Arbeitsauftrag J; 3.) auf den Arbeitsblättern durchgehend das Porträt von Ben; 4.) ein Schild im Synagogenraum: „Jungen tragen in diesem Raum eine Kippa"; 5.) evtl. ein Tallit in einem Glasschrank: „Ein koscherer Tallit sollte nur von Jüdinnen und Juden berührt werden." (Bei den Grenzmarkerschildern sollte deutlich sein, dass sie nicht von der Synagoge stammen, sondern vom Religionslehrer/der Religionslehrerin geschrieben wurden.)	Grenzmarker

Hinweise zum Vorgehen, Alternativen und was sich vertiefen lässt

Besprechen Sie vor dem Synagogenbesuch mit Ihrer Schülergruppe folgende Punkte:

- Sicherheitsvorkehrungen (Filmkamera, Durchleuchtungsmaschine für Briefe, evtl. verspiegelte Türen, evtl. keine eindeutige Klingelaufschrift)
- Kippa (wird in der Regel zur Verfügung gestellt, selbst wenn sie nicht verlangt wird)
- Tora (es sollte im Vorfeld geklärt werden, ob die Torarolle herausgenommen werden kann)
- Tallit (es sollt im Vorfeld geklärt werden, ob es einen Tallit gibt, der nicht koscher ist und der berührt werden darf)

Im Anschluss an das Stationenlernen ist es ein besonderes Ereignis, wenn der Verantwortliche der jüdischen Gemeinde den Toraschrein öffnet, um eine Torarolle herauszunehmen und daraus zu lesen. Das, was vorher nur in einigen Bildern gezeigt wurde, wird dadurch zum unmittelbaren Erlebnis eines religiösen Zeug-nisses an seinem authentischen Ort.

Bei einer kleinen Gruppe, kann auch allein das Arbeitsblatt zu den Gegenständen in der Synagoge (JM-21) genutzt werden.

Aufarbeitung des Synagogenbesuchs

Ein Rückblick bestimmt die folgende Unterrichtsstunde. Dabei werden die Gegenfragen der Führerin oder des Führers besprochen oder das Thema durch die Behandlung des jüdischen Gottesdienstes vertieft.

Was Sache ist

Der *synagogale Gottesdienst* ist ein Gottesdienst, der stark auf das Wort Gottes in der Tora und auf das Gebet ausgerichtet ist. Es gibt Gottesdienste an Wochentagen und an Fest- und Feiertagen. Beim Schabbát ist zwischen dem Gebet am Freitagabend zur Begrüßung des Schabbáts (Kabbalat Schabbát/Ma'ariv) und der Gottesdienst am Morgen des Schabbáts (Schacharit) zu unterscheiden.

Der Gottesdienst am Freitagabend[39] dauert ca. eine Stunde. Zunächst werden die Schabbátkerzen entzündet. Der Gottesdienst beginnt mit Gebet, Psalm und dem Lied lecha dodi. Bei der letzten Strophe des Liedes wendet sich die Gemeinde der Tür zu. Das Empfangen des Schabbáts wird so versinnbildlicht. Ein Gebet folgt, dann das Sch^{e}má und das sogenannte Achtzehngebet. Den Abschluss bilden Gebet, Kindersegen und der Kiddusch. Das Kidduschgebet am Ende ist das Besondere an diesem Abend: Mit Wendung zur Gemeinde spricht der Vorbeter den Segen über einen Becher mit Wein. Der Gottesdienst schließt mit einem Gebet. Im Anschluss wünschen sich alle Anwesenden „Schabbát Schalom".

39 Eine schöne Schilderung eines Freitagabendgottesdienstes findet sich in A. Paffenholz, a. a. O., S. 47–50, an dem diese Darstellung auch zum Teil orientiert ist.

Der Gottesdienst am nächsten Morgen[40] dauert deutlich länger und beginnt mit dem privaten Morgengebet (nicht im Film aufgezeichnet), Psalm und Gebet. Im Anfangsteil steht das Sch^{e}má Jisrael im Vordergrund. Es folgt wie beim Schabbátempfang das Achtzehnbittengebet. Danach wird die Torarolle aus dem Schrein herausgehoben, durch die Gemeinde getragen und ausgekleidet. Vor der Lesung wird zunächst ein Segensspruch über der Tora gesprochen und die Rolle hochgehoben, um sie allen zu zeigen. Drei bis sieben Personen werden zur Lesung aufgerufen. Am Schabbát sind es sieben. Da sie in der Regel nicht so gut hebräisch singen können, lesen sie den Anfangs- und Schlusssegen, der Kantor „kantiliert" stellvertretend für sie den betreffenden Abschnitt aus der Tora. Es folgt ein Prophetenabschnitt „Haftara", der aus einem normalen Buch gelesen werden kann. Dann gibt es Gebete – z. B. eines für den Staat Israel. Zum „Einheben" wird die Rolle noch einmal durch die Gemeinde getragen.

Zu einem letzten Abschnitt des Gottesdienstes gehört das sogenannte Musafgebet, bei dem an die alten Tempelopfer erinnert wird (dieser Teil kann in Reformgemeinden entfallen, so auch im Film). Der kleine Film endet mit einem Gebet und dem Lied „Hinne ma tow". Klassisch singt man z. B. den Hymnus „Alejnu" („Keiner ist wie Gott").

Was wir brauchen

Falls noch nicht verwendet: das Arbeitsblatt zum Aufbau von Bens Synagoge (Arbeitsblatt **JM-21**), vgl. **JM-21**, Abb. S. 6, mit dem Bild des liberalen Synagogenraums in Hannover, evtl. den Videofilm zum Ablauf eines Gottesdienstes (unter **Audiovisuelle Medien 2**), die Arbeitsblätter zum Film über den Gottesdienst (Arbeitsblatt **JM-28**, mit ausführlichem Beschreibungstext oder **JM-29**, ein Notizblatt zum Film).

Wie viel Zeit wir benötigen

Ein bis zwei Stunden.

Wie wir vorgehen

Zunächst können die Schülerinnen und Schüler drei wichtige Eindrücke aufschreiben oder aufmalen (skizzieren), um so wieder ins

40 Auch hier eine empfehlenswerte Schilderung in A. Paffenholz, a. a. O., S. 51–54.

Thema zu kommen. Vielleicht liegt der Gesprächsstoff aber auch ohne Weiteres auf der Hand und den Schülerinnen und Schülern auf der Zunge.

Das Arbeitsblatt zum Aufbau von Bens Synagoge (JM-21) kann zu Vergleichen mit dem eigenen Besuch führen. Der kleine Film zum Ablauf eines Samstagmorgengottesdienstes kann auch den Eindruck eines rituell genutzten Raumes vermitteln. Je nach den Erfahrungen wird verschieden vorgegangen werden können.

Wenn der Führer oder die Führerin altersgemäße Gegenfragen gestellt hat (vgl. Seite 66), haben diese natürlich Priorität. Die Antworten lassen sich mit der Gestaltung eines Antwortschreibens an den Führer / die Führerin verbinden.

Zusatzmaterial C: Film eines nachgestellten Gottesdienstes

Da das Filmen eines Schabbátgottesdienstes aus Sicht vieler Jüdinnen und Juden nicht angemessen ist, wurde er hier nachgestellt und erklärt: Vor dem Beginn eines Gottesdienstes betreten die Gemeindemitglieder den Synagogenraum und unterhalten sich.

① 1:10 Gabor Lengyel nimmt seinen Tallit, spricht das zugehörige Gebet und legt ihn an. Dabei küsst er eine Quaste.
② 1:20 Gabor Lengyel und Ben gehen zum Toraschrein und öffnen ihn.
Gabor Lengyel singt ein Gebet und Ben öffnet den Vorhang.
③ 2:20 Ben hebt die Torarolle aus und gibt sie Gabor Lengyel. (Das Wort „Tora“ lässt sich im Gesang heraushören.)
④ 2:40 Gabor Lengyel singt das Sch^{e}má Jisrael.
Die Gemeinde antwortet. (Die Gemeinde antwortet im Film nicht, dies wird lediglich erzählt von Gabor Lengyel.)
Das Sch^{e}má Jisrael wird fortgesetzt.
Die Gemeinde antwortet. (Die Gemeinde antwortet im Film nicht, dies wird wieder erzählt.) Alle verbeugen sich in Richtung des Schreins.
⑤ 3:55 Gabor Lengyel erzählt, wie er mit der Rolle in der Hand die Runde in der Gemeinde macht. Während eines Gesangs berühren

alle Gemeindemitglieder die Rolle mit dem Tallit und küssen diese Stelle des Tallits als Zeichen der Ehrfurcht. Man kann dabei die Rolle auch mit der Hand berühren. (Die Gemeinde tut das im Film wieder nicht.) Dann zeigt er, wie er herumgeht und dabei singt.

⑥ 4:50 Die Torarolle wird auf die Bima gelegt und entkleidet. Ben hilft dabei. Gabor Lengyel nennt alle Bestandteile (Rimmonim / Helme / Kronen, Jad / Hand, Schild, Bekleidung / Mantel).

Normalerweise werden sieben Personen zum Lesen aufgerufen. Vor dem Lesen sagen sie einen Segensspruch. Dann „leinen" sie, das heißt: Sie lesen in einer gesangsähnlichen Form. (Tatsächlich lesen die Sieben oft nur den Segensspruch, den Rest leint der Kantor für sie, da viele nicht so gut Hebräisch können.)

⑦ 5:55 Gabor Lengyel macht vor, wie ein Text „klingt". (Die Worte Jisrael und Mosche lassen sich heraushören.)

6:45 Es ergeht ein letzter (Lese-)Aufruf. Lesung sowie der Lesende heißen Maftir.

Ein Text aus den Propheten (zum Wochenabschnitt aus der Tora) wird vorgelesen. (Der Text heißt Haftara) Gabor Lengyel erzählt: Ben hat bei seiner Bar Mitzwa solch einen Text vorgelesen.

7:30 Die Tora wird wieder eingekleidet. (Hier wurden die einzelnen Details im Film ausgelassen.)

⑧ 7:40 Es folgen Gebete für den Staat Israel und für die Gemeinde. Gabor Lengyel trägt als Beispiel das Gebet für Israel vor:

„Unser Gott und Gott unserer Vorfahren,

Wir bitten dich um deinen Segen für den Staat Israel und alle, die in ihm wohnen. Sende seinen Verantwortlichen ein Licht, dass sie in Weisheit und Einsicht regieren und Friede an den Grenzen des Landes herrscht. Mögen alle Wunden und Verletzungen heilen. Lass allen, die dort leben, Wahrhaftigkeit und Barmherzigkeit zuteil werden, sodass erfüllt werde, was die Propheten schauen: Aus Zion wird die Tora kommen, Gottes Friede aus Jerusalem."

8:50 Anschließend wird mit der Torarolle in der Gemeinde wieder die Runde gemacht. Dabei verabschiedet sich die Gemeinde von der Tora. Mit dem Tallit wird sie nun zum zweiten Mal berührt und der Tallit dann geküsst, um die Verehrung deutlich zu machen. (Dies wird wieder nicht dargestellt; aber erzählt.)

Dazu wird gesungen.

⑨ 9:50 Die Rolle wird zurück in den Aron haKodesch (also den heiligen Schrein) gebracht. Dabei würde normalerweise wieder gesungen werden (was nicht dargestellt wird).

Beim Schließen des Schreins wird die Rolle wieder mit dem Tallit berührt und dann diese Stelle geküsst.

10:50 Gabor Lengyel trägt ein Abschlussgebet vor.
⑩ 11:47 Die Gemeinde singt das Lied: Hinne ma Tow (Psalm 133: Siehe, wie gut und schön ist es, wenn Brüder [und Schwestern] einträchtig beieinander wohnen).

Mit dem Arbeitsblatt **JM-28** bietet sich die Chance, das Ganze nachzulesen. Die Schülerinnen und Schüler können sich mithilfe des Arbeitsblatt **JM-29** Notizen während des Films machen.

Religionen zu vergleichen ist immer problematisch, da Elemente, die wegen ihrer Komplexität und wegen ihres unterschiedlichen Kontexts unvergleichlich sind, in Beziehung gesetzt werden. Aus zwei Gründen können Sie dies meines Erachtens an dieser Stelle tun: Erstens hat sich sachlich der christliche Gottesdienst in vielen Elementen aus dem und z. T. in Auseinandersetzung mit dem synagogalen Gottesdienst entwickelt und auch umgekehrt gibt es Beeinflussungen. Zweitens findet – pädagogisch gesehen – bei überschaubaren Ähnlichkeiten schon immer ein Vergleichen durch die Schülerinnen und Schülern statt. Es ist aber darauf zu achten, bloß von „Ähnlichkeiten" zu reden. Von Gemeinsamkeiten zu sprechen, ist seit mehr als 1900 Jahren nicht mehr sachgemäß.

Vergleich zwischen einem christlichen Gottesdienst und einem Synagogengottesdienst am Morgen des Schabbát:

1 Ähnliche Formen	2 Ähnlicher Inhalt (schwerer herauszufinden)	3 Ganz andere Form	4 Ganz anderer Inhalt (schwerer herauszufinden)
• Stuhlreihen • Gesang • Gebet • Lesung • Segen • Lesungen von einem Pult	• Rede von Gott, Propheten, Friede, Israel, Mosche / Mose, …	• Hebräische Lesungen • kein Kreuz • kein Altar • keine Blumen • Torarolle und alle Rituale im Zusammenhang mit der Rolle	• Keine Erwähnung von Jesus Christus • Keine Erwähnung von „Vater, Sohn, heiliger Geist" • Kein Vaterunser

Hinweise zum Vorgehen, Alternativen und was sich vertiefen lässt

Noch im Rückblick auf den Besuch können die besonderen „Spielregeln" im fremden Raum besprochen und festgehalten werden. Welche gelten für Juden, welche für alle?

Für völlig unreligiöse Menschen können christliche und jüdische Gottesdienste ähnlich wirken. Beide haben Gebete, Lieder und Lesungen. Die Schülerinnen und Schüler können versuchen, Außenstehenden das Ähnliche und das Unterschiedliche genau zu beschreiben.

Die Problematik bzw. die Ambivalenz von Fremdheit kann ein eigenes Thema werden. – „Das Fremde ist auch ein bisschen bekannt und darum gerade so fremd." – „Fremdheit und Nähe sind verwoben!"

Auf die violette Leiste kann ein „Antwortbrief" auf eventuelle Fragen der Führerin oder des Führers geklebt werden. Die blaue Leiste kann mit Impressionen des Besuchs ergänzt werden. Neben Fotos von der Synagoge können auch Bilder von eigenen religiösen Stätten gehängt werden.

Beobachten	Lesen	Fragen und Hören	Selbst etwas machen
  Torarolle, Bima, Jad, Toramantel, Tallit, Kippa	אבחדהוזי Ergebnisse Internetrecherche	 Eigene Interviews mit Juden Bens Bar Mitzwa	Bilder / Impressionen vom Besuch
	ABCDEFG	Kommunionsbild / KU3, KU4 Bild	Eigene Klassenrolle Antwortbrief auf die Fragen der Führerin / des Führers

6 Brücken zum Verständnis der Tora schaffen

Stärkendes Erinnern

Neben der Forscherhaltung, die sich durch Beobachten, Lesen, Gespräche / Interviews und begrenztes Mittun in der Synagoge annähert, sind auch immer wieder existenzielle Fragen in den Unterricht eingeflossen. Was für Rituale habe ich selbst, um dem, was mir wichtig ist, Würde zu geben? Was heißt für mich das Wort „Bekennen"? Wie gestalte ich ein eigenes Gedicht im Dichtungsschema der Psalmen? Was heißt für mich „es lehrt" in einer chassidischen Geschichte? Wie gestalten wir als evangelische / katholische / WuN-Gruppe eine Karte für Jüdinnen und Juden? Wie antworte ich auf jüdische Fragen auf Grund meines Glaubens, meiner Weltanschauung?

Der pädagogische Hintergrund für diese Rückfragen besteht darin, dass sich Lernen und Verstehen von Fremdem nicht in einem leeren Raum des Unwissens ereignet, sondern durch Verknüpfung mit eigenen Bezügen und eigenem Handeln. Auch wenn der Experte weiß, welch problematisch wackelige Krücken einige der Verknüpfungen sind, sind es doch gerade diese, die in ein erstes Verstehen hineinführen.

Mit solchen Aufgaben und Fragen wird die tiefere Schicht von Religion und Religiosität angeschnitten, die über die reinen Phänomene hinaus den Menschen in seinen persönlichen Belangen anspricht und so deutlich macht, dass Religion über eine äußere (beobachtbare, hörbare) Seite hinaus immer auch eine *innere* Seite mit sich führt.[41]

Dieser existenzielle Bezug zu den Schülerinnen und Schülern in der Religionsgruppe soll nun am Ende noch einmal ein eigenständiges Thema werden. Vielleicht hat sich eine Frage oder ein Kommentar nach dem Besuch als besonders weiterführend ergeben und sollte mit allen vertieft werden. Vielleicht gab es eine direkte Verbindung zum eigenen Glauben, die nun thematisiert werden kann?

Als Vorschlag unter vielen Möglichkeiten soll das Thema „Tora" noch einmal als Brücke zu eigenen Bezügen und zu religiösen Einstellungen der Schülerinnen und Schüler, dienen. Genauer soll es das Thema „Erinnern" in der Tora sein, wie es schon im Kapitel *Das Sch^emá Jisrael, Eine Geschichte zum Sch^emá Jisrael* und dem *Zusatzmaterial A: Psalmen* angesprochen wurde.

41 Vgl. Karlo Meyer (1999), Zeugnisse fremder Religionen im Unterricht. „Weltreligionen" im deutschen und englischen Religionsunterricht, Neukirchen.

Was Sache ist

Jüdinnen und Juden sind immer wieder als „Volk der Erinnerung" bezeichnet worden. Am bekanntesten ist, wie sich Jüdinnen und Juden zu Pessach an die Befreiung aus der ägyptischen Sklaverei erinnern. Durch diese Erinnerungen vergewissern sich jüdische Menschen ihrer Identität und ihres Rückhalts bei Gott. Jeder Mensch braucht und hat schon immer Erinnerungen zur inneren Versicherung. Wie für Jüdinnen und Juden die Geschichte Gottes und der Bund mit seinem Volk solche kollektiven Erinnerungspunkte sind, so haben die Schülerinnen und Schüler eigene Punkte innerer Vergewisserung. Ohne pseudopsychologisch in Tiefen zu graben, die andere nicht zu wissen brauchen, können Ansatzpunkte für solch innere „Versicherungen" im Unterricht behutsam aufgenommen werden.

Was wir brauchen

Kleine Lederreste in der Anzahl der Schülerinnen und Schüler. Sie können über einen Schuhmacher oder einem Geschäft für Orthopädietechnik besorgt werden.

Evtl. **Hörprobe 10** „Ich gedenke der Tage von ureinst" auf Hebräisch.

Wie viel Zeit wir benötigen

Ein bis zwei Stunden.

Wie wir vorgehen

Phantasieübung. Die Schülerinnen und Schüler gehören in der Regel nicht dem Judentum an. Sie können aber die Brücke schlagen, selbst nach Orten und Worten innerer „Versicherung" Ausschau zu halten. Ich habe gute Erfahrungen mit einer meditativen Besinnung auf Landschaften, Räume, Worte der eigenen Vergangenheit gemacht, die ein Gefühl von Sicherheit entstehen lassen.

Ob dies ein eher profaner oder auch ein religiöser Brückenschlag wird, ist offen. Wenn die Atmosphäre stimmt, werden auch Erinnerungen genannt werden, die den Jugendlichen „heilig" sind und die auch religiöse Orte und Situationen umfassen können.

Wer die Möglichkeit hat, einen Kreis zu bilden, kann dies am Anfang der Stunde tun. Bei geschlossenen Augen erhält jede Schülerin und jeder Schüler ein Stück Leder in die Hand.

Ich habe euch etwas in die Hand gegeben. Fühlt, wie groß das Stück ist und wie es geformt ist. Fühlt die rauere Seite und die glatte Seite. Wie ist das mit den Rändern, den Kanten? Riecht einmal an dem Stück. Gibt es ein Geräusch, wenn man es reibt oder drückt? Dies Stück ist für euch bestimmt. Öffnet nun die Augen und schaut es euch an.

Im Gespräch tauschen die Schülerinnen und Schüler ihre Erfahrungen aus.

Dies Leder ist dazu bestimmt, darauf etwas zu schreiben.

Wenn das Leder fehlt, könnte ein alternativer Einstieg so aussehen:
In der Mitte des Stuhlkreises liegt eine von zwei Seiten her aufgerollte Schriftrolle (z.B. eine leere Faxpapierrolle). Als stillen Impuls rollt die Lehrkraft sie vorsichtig auf und es erscheint der Schriftzug:

„Ich gedenke der Tage von ureinst" (Psalm 143,1, siehe oben Arbeitsblatt **JM-14**). Die Lehrkraft spielt **Hörprobe 10** („Ich gedenke ..." auf Hebräisch) ab. Überlegungen werden gesammelt: Was haben wir da gelesen?

Eine Phantasieübung kann die Bedeutung des Psalms klären bzw. erklären, was auf das Leder geschrieben werden kann:

Ich möchte jetzt eine Phantasieübung mit euch machen. Nehmt eine bequeme Haltung ein. Schließt die Augen. Entspannt eure Hände, Arme, Füße, Beine und den Rücken. Atmet ruhig ein und aus. Beobachtet euren eigenen Atem. ...

Ihr könnt euch gleich an drei Dinge erinnern. Lasst euch dabei Zeit, diese Erinnerung in euch aufsteigen zu lassen. Es muss nicht alles richtig erinnert werden, darauf kommt es nicht an. Es kommt darauf an, das zu sehen und zu spüren, was ihr in Erinnerung habt.

Versuch dich zuerst an eine Landschaft oder einen Ort in der Natur zu erinnern, den du besucht hast und den du mit einem frohen, schönen Gefühl verbindest. (Pause) Vielleicht hast du einen Ort frisch im Gedächtnis, aber vielleicht musst du ihn auch mühsam hervorholen. (Pause) Wenn du an mehrere Orte denkst, nimm einfach einen davon. Versuche, dir den Ort genau anzusehen. Blick dich in der Phantasie langsam um: Wie sieht es dort aus?

Siehst du Pflanzen? (Pause) Lass deinen Blick etwas weiter in die Ferne schweifen: Wie sieht die Landschaft aus? (Pause) Schau nach oben: Betrachte den Himmel über dieser Erinnerung. Blauer Himmel oder Wolken? (Pause) Schau nach unten. Unter deinen Füßen ist der Boden. Fühl den Boden. (Pause) Was spürst du an diesem Ort, Wärme, Kälte, Licht oder Wind? Horch einmal. Kannst du dort etwas hören? (Pause) Oder vielleicht riechen?

Ist damals etwas Besonderes passiert? Was war vorher, was nachher?

Dieses ist deine Erinnerungslandschaft, wann immer du willst, kannst du hierher in deiner Phantasie zurückkehren. Doch jetzt ist es Zeit, diese Landschaft zu verlassen.

Versuche, dich nun als zweites an einen besonderen Raum zu erinnern, den du in Erinnerung hast und den du magst. In den du vielleicht gern wiederkehren würdest. (Pause) Wenn du den Raum vor Augen hast, schau ihn genauer an.

Blick dich um. Wie groß ist er. Gibt es Fenster? Besondere Farben? (Pause) Schau dir die Möbel an. (Pause) Wo ist dein Lieblingsort in diesem Raum? (Pause) Geh zu deinem Lieblingsort. Schau dich um! Wie sieht man das Licht von dort? (Pause) Gibt es dort besondere Gerüche? Horch einmal nach Geräuschen, Klängen ... Sind andere Menschen im Raum? Was tun sie? ...

In deiner Erinnerung wird dir dieser Raum immer erhalten und offen sein. Du kannst in deiner Phantasie immer in ihn eintreten. Doch jetzt ist es Zeit, diesen Raum zu verlassen.

Und eine letzte Erinnerung: Erinnere dich an eine Geschichte, die du früher als Kinder gern gehört oder schon gelesen hast. Nimm einfach eine von den vielen. Gab es ein Buch dazu oder eine CD/DVD? Erinnere dich, wie du es aus dem Regal genommen hast. Fühl die Seiten oder die Hülle. Riech daran. Gab es jemanden, der dir das Buch vorgelesen oder mit dir die Geschichte gesehen hat? Hör auf die Stimme. Vielleicht kannst du dich erinnern, wie eine Lieblingsszene vorgelesen oder gezeigt wurde. Auch dies ist eine Erinnerung, die dir erhalten bleibt. (Pause)

Wenn du willst, kannst du die Augen noch einen Moment geschlossen halten. Fühl nun noch einmal das Lederstück in der Hand. Du sollst gleich etwas aus deiner Erinnerung auf das Stück malen. Wähle dafür eine der drei Erinnerungen aus. Überlege dir für diese ein Zeichen, ein Wort oder ein kleines Bildstück. Diese kleine Erinnerungshilfe soll nachher auf das Leder. Wenn du die Erinnerung und das Zeichen dafür in der Phantasie ausgesucht hast, öffne die Augen. (Diese drei Sequenzen können auch aufgeteilt werden.)

Bei etwas Musik malen die Schülerinnen und Schüler ein Zeichen, ein Bild oder ein Wort für diese Erinnerung auf das Lederstück.

Wenn sich kein Leder besorgen lässt, können 2 cm breite Längsstreifen von einem DIN-A-3-Papier abgeschnitten und als kleine Schriftrollen dünn beschrieben werden. Mit etwas Stoff oder einer Geschenkschleife zusammengebunden wird so der Bedeutung des Inhalts Ausdruck gegeben. Sie können zunächst zu der Rolle in der Mitte gelegt werden und danach von den Schülerinnen und Schülern mitgenommen werden.

Nach einem abschließenden, gemeinsamen Lied berichten die Schülerinnen und Schüler von ihren Erfahrungen. Das heißt nicht unbedingt, dass jeder/jede seine persönlichen Erfahrungen oder sein Symbol preisgeben muss, aber er oder sie sollte doch berichten, wie es ihm oder ihr bei der Aufgabe ergangen ist.

Diese Lederstücke tragen einen kostbaren Blick auf eine Landschaft, einen Raum, eine Geschichte in sich. Sie erinnern euch an etwas Besonderes aus eurer Vergangenheit.

Die Faxrolle wird wieder aufgerollt: „Ich gedenke der Tage von ureinst …". Es können Beziehungen zwischen eigenem Erinnern und dem Satz des Psalmisten hergestellt werden. Wozu mag bei dem Psalmisten damals solches „Gedenken" gedient haben?

„Ben und alle Juden haben auch ein Erinnerungsstück, etwas größer …"

Ähnlichkeiten und Unterschiede zwischen den eigenen Lederstücken und der Torarolle können gesammelt werden.

Hinweise zum Vorgehen, Alternativen und was sich vertiefen lässt

Als Ausklang können ebenfalls kleine Geschichten geschrieben werden: über einen Moment, in dem die eigene Rolle/das Lederstück wieder hervorgeholt wurde …

Wenn die Form der Phantasiereise oder Meditation den Schülerinnen und Schülern noch unbekannt ist, bedarf es eines längeren Anlaufs. Der Text kann in diesem Fall auch auf eine Erinnerung gekürzt werden.

Alternativ kann statt des Psalmtextes „Erinnerung" auch ein Ritualstück, wie z.B. der Gebrauch des Tallits, als Brückenschlag zu eigenen inneren Bezügen aufgenommen werden. Es kann erprobt werden, wie es ist, unter einem Stück Stoff (keinem koscheren Tallit!) ein Gebet oder ein Gedicht zu sprechen, sich zu konzentrieren. Dieser Versuch, der schon für die Synagoge vorgeschlagen worden war, sollte deutlich abgegrenzt werden von dem wirklichen Gebrauch eines Tallits: „Wir nehmen hier ein Detail auf, mit dem bei Juden noch ganz anders verbunden ist." Auf diese Weise kann eine fragmentarisch, begrenzte Erfahrung aufgenommen werden.

Schülerinnen und Schüler können Überlegungen anstellen, wo sie solche abgeschlossenen Orte innerer Ruhe haben oder wie sie sich diese wünschen würden. Gefühle können reflektiert werden, zu den Erfahrungen Bilder gemalt oder mit Ton getöpfert werden.

Rückblick auf die eigene „Forschungsarbeit"

Mit der blauen und violetten Leiste wird die Entwicklung der eigenen Forschung sichtbar. Danach können die Schülerinnen und Schüler auf dem Arbeitsblatt **JM-31** ihre Forschungsergebnisse einzeln oder in Zweiergruppen schriftlich festhalten.

Hallo,

meine fünf Freunde und ich haben euch über euren Lehrer oder eure Lehrerin einige Erfahrungen aus meiner Religion geschickt.
Natürlich gibt es noch viel mehr, was man zeigen und erzählen könnte.
Aber ich hoffe, ihr hattet einen ersten Eindruck. Unten könnt ihr aufschreiben, was ihr alles erfahren habt.
Mit Gruß von Kasthuri, Nurdan, Vanessa, Anna und Oliver

Euer Ben

Antwort der Schülerinnen und Schüler:

Lieber Ben,

das Folgende haben wir erforscht:
Wir haben beobachtet ...
Wir haben gelesen ...
Erfragt und gehört haben wir ...
Fremd geblieben ist mir ...
Nicht mehr fremd ist ...
Folgendes haben wir selbst gemacht:
Wichtig waren mir diese Eindrücke:

Viele Grüße ____________________
deine Unterschrift

Es bietet sich an, auch die Entwicklung im Umgang mit dem Fremden hier eigens zu thematisieren.

Hinweise zum Vorgehen, Alternativen und was sich vertiefen lässt

Zur Bündelung der Ergebnisse kann am Ende der Einheit ein Brief an die Führerin/den Führer des Syngagogenbesuchs erstellt werden (wenn nicht direkt nach dem Besuch bereits geschehen). Ebenfalls das Verfassen eines Briefes an Ben und seine fünf Freunde bietet einen guten Abschluss.

Zum Ende dieser Stunde sollte die Abschlussstunde der Einheit mit der Präsentation der Klassenrolle vorbereitet werden. Wie kann man dies als kleine Feier gestalten? Bringt jemand Musik mit? Etwas zu essen?

Wertvolle Worte: Präsentation der Klassenrolle

Wie das Stück Leder eine individuelle Erinnerung repräsentiert, so ist die Klassenrolle ein Stück kollektiver Erfahrung.

Inzwischen hatten die Schülerinnen und Schüler einige Wochen Zeit, die umlaufende Klassenrolle mit bedeutsamen Bildern und Buchpassagen oder Gedichten zu gestalten. Bei einer kleinen Feier, evtl. mit Bens Lieblingsspeise Hummus aus Israel und jüdischer Musik, können die „wichtigen und weisen" Geschichten und Bilder präsentiert werden. Die Rolle sollte einen würdigen Platz im Regal des Religionsraumes finden oder kann sogar für andere Klassen zum „Lernen" ausgestellt werden. Dazu kann eine jüdische Geschichte gelesen werden. Begabte Lehrkräfte mit motivierten Klassen können einen jüdischen Tanz ausprobieren. Gemeinsam kann eine Verzierung für die Klassenrolle geschaffen werden. „Rituell" können die beiden umlaufenden Hälften nun zusammengeklebt werden.

Inhaltsverzeichnis der DVD

Arbeitsblätter/Materialien zum Judentum
JM-01: Weihnachtsszene
JM-02: Bericht der Eismenschen-Berater
JM-03: Bilder von Ben mit der Tora
JM-03b: Brief von den sechs Freunden
JM-03c: Vorstellung der sechs Freunde
JM-04: Das jüdische Forschungsbild auswerten
JM-05: Ben liest aus der Tora-Textseite
JM-06: Besuch in der Synagoge
JM-07: Lebenssprüche
JM-08: Das hebräische Alphabet schreiben
JM-08b: Lehrerfolie: Hebräisch Schreiben
JM-09: Ausschneidebogen zu den Worten aus der Tora
JM-10: Arbeitsblatt zu Worten aus der Tora
JM-11: Aufklebebogen zu Worten aus der Tora
JM-12: Der Bund mit dem Volk Israel
JM-13: Lehrerfolie: Zum Sch^{e}má und den Gottesnamen
JM-14: Übersetzung des Psalm 143 nach M. Buber
JM-15: Fragen zu Interviews mit Rabbiner oder Kantor
JM-16: Interview mit Gabor Lengyel
JM-17: Bens Bar-Mitzwa
JM-18: Interview mit Ben
JM-19: Drei chassidische Geschichten
JM-20: Arbeitsaufträge zum Stationlernen in der Synagoge
JM-20b: Anschläge auf Synagogen
JM-21: Fragebogen zu den Gegenständen in der Synagoge
JM-22: Koscheres Essen
JM-22b: Koscheres Essen - Kurzversion
JM-23: Eine Schriftrolle basteln
JM-24: Das Pessachfest
JM-24b: Das Pessachfest - Kurzversion
JM-25: Jom Kippur
JM-25b: Jom Kippur - Ausschneidebogen-Ziege
JM-26: Chanukka
JM-27: Schabbát
JM-28: Ablauf des jüdischen Gottesdienstes - Text zum Film
JM-29: Ablauf des jüdischen Gottesdienstes - Notizblatt zum Film
JM-30: Infoblatt Gottesdienst, Kantor, Rabbiner
JM-31: Antwortbrief an Ben

Audio Medien
Hörprobe 1: Anfang des Sch^{e}má Jisrael
Hörprobe 2: Das Sch^{e}má Jisrael im gottesdienstlichen Zusammenhang
Hörprobe 3: Eine andere Melodie des Sch^{e}má Jisrael in einem Konzert
Hörprobe 4: Psalm 100, Samuel Naumbourg 1816–1880
Hörprobe 5: Psalm 84, Louis Lewandoski 1821–1894
Hörprobe 6: „Skript Klezmer" (Klezmerstück), Gruppe Mitzwa, Melodie traditionell

Hörprobe 7: „Hora", Gruppe Mitzwa, Melodie traditionell
Hörprobe 8: Variationen zu „Hinne ma tow", Gruppe Mitzwa, Melodie traditionell
Hörprobe 9: Lesung aus Psalm 143
Hörprobe 10: Leseprobe „Ich gedenke der Tage von ureinst"

Audiovisuelle Medien
Videofilm „Forschungsinterview" mit Gabor Lengyel
Videofilm Ablauf eines Gottesdienstes mit Gabor Lengyel und Ben

Bildserien
Bilderserie zum Besuch der fünf Freunde in der Synagoge von Ben
Bilderserie zu Bens Bar-Mitzwa

Einzelne Bilder zum Judentum
J-Bild-00-Ben
J-Bild-01-Ben an der Überwachungskamera
J-Bild-02-Ben lässt alle herein
J-Bild-03-Kippa aufsetzen
J-Bild-04-Tallitgebet
J-Bild-05-Tallitküssen
J-Bild-06-Ben vor dem Toraschrein
J-Bild-07-Vorhang des Schreins öffnen
J-Bild-08-Ben mit den anderen vor dem Toraschein
J-Bild-09-Torarolle ausheben
J-Bild-10-Helme abnehmen
J-Bild-11-Toraschild abnehmen
J-Bild-12-Toramantel abnehmen
J-Bild-13-Alle um die Tora
J-Bild-14-Tora lesen
J-Bild-15-Tora wieder einrollen
J-Bild-16-Toramantel anziehen
J-Bild-17-Torakronen aufsetzen
J-Bild-18-Tora einheben
J-Bild-19-Menora
J-Bild-20-Channukaleuchter
J-Bild-21-Gemeinsames Essen
J-Bild-22-Bens Bar-Mitzwa-1 Ben liest seinen Text
J-Bild-23-Bens Bar-Mitzwa-2 Ben liest weiter
J-Bild-24-Bens Bar-Mitzwa-3 Bonbonswerfen
J-Bild-25-Bens Bar-Mitzwa-4 Derascha – Predigt
J-Bild-26-Bens Bar-Mitzwa-5 Weitergabe der Tora
J-Bild-27-Bens Bar-Mitzwa-6 Weiterreichen der Tora an Ben
J-Bild-28-Bens Bar-Mitzwa-7 Gebet zum Abschluss der Bar-Mitzwa
J-Bild-29-Holocaustmahnmal in Hannover
J-Bild-30-Klagemauer – Urheber N. Dennerlein
J-Bild-31-Tefillin – Urheber N. Dennerlein
J-Bild-32-Kantor im Ornat
J-Bild-33-Synagogenbild – Urheberin S. Seiffart
J-Bild-34-Mesusa